REVOLUÇÃO EM LAGOA LINDA

Editora Appris Ltda.
1.ª Edição - Copyright© 2021 dos autores
Direitos de Edição Reservados à Editora Appris Ltda.

Nenhuma parte desta obra poderá ser utilizada indevidamente, sem estar de acordo com a Lei n° 9.610/98. Se incorreções forem encontradas, serão de exclusiva responsabilidade de seus organizadores. Foi realizado o Depósito Legal na Fundação Biblioteca Nacional, de acordo com as Leis n⁰ˢ 10.994, de 14/12/2004, e 12.192, de 14/01/2010.

Catalogação na Fonte
Elaborado por: Josefina A. S. Guedes
Bibliotecária CRB 9/870

G182r
2021
	Galvão, Carlos Fernando
	   Revolução em Lagoa Linda / Carlos Fernando Galvão, Mário Galvão. -
	1. ed. - Curitiba : Appris, 2021.
	   129 p. ; 23 cm.
	
	   ISBN 978-65-250-0635-2
	
	   1. Ficção brasileira. I. Galvão, Mário. II. Título. III. Série.
	                                                                CDD – 370.9

Appris
editora

Editora e Livraria Appris Ltda.
Av. Manoel Ribas, 2265 – Mercês
Curitiba/PR – CEP: 80810-002
Tel. (41) 3156 - 4731
www.editoraappris.com.br

Printed in Brazil
Impresso no Brasil

Carlos Fernando Galvão
Mário Galvão

REVOLUÇÃO EM LAGOA LINDA

FICHA TÉCNICA

EDITORIAL	Augusto V. de A. Coelho
	Marli Caetano
	Sara C. de Andrade Coelho
COMITÊ EDITORIAL	Andréa Barbosa Gouveia (UFPR)
	Jacques de Lima Ferreira (UP)
	Marilda Aparecida Behrens (PUCPR)
	Ana El Achkar (UNIVERSO/RJ)
	Conrado Moreira Mendes (PUC-MG)
	Eliete Correia dos Santos (UEPB)
	Fabiano Santos (UERJ/IESP)
	Francinete Fernandes de Sousa (UEPB)
	Francisco Carlos Duarte (PUCPR)
	Francisco de Assis (Fiam-Faam, SP, Brasil)
	Juliana Reichert Assunção Tonelli (UEL)
	Maria Aparecida Barbosa (USP)
	Maria Helena Zamora (PUC-Rio)
	Maria Margarida de Andrade (Umack)
	Roque Ismael da Costa Güllich (UFFS)
	Toni Reis (UFPR)
	Valdomiro de Oliveira (UFPR)
	Valério Brusamolin (IFPR)
ASSESSORIA EDITORIAL	Natalia Mendes
REVISÃO	Andrea Bassoto Gatto
PRODUÇÃO EDITORIAL	Gabrielli Masi
DIAGRAMAÇÃO	Yaidiris Torres
CAPA	Sheila Alves
COMUNICAÇÃO	Carlos Eduardo Pereira
	Débora Nazário
	Kananda Ferreira
	Karla Pipolo Olegário
LIVRARIAS E EVENTOS	Estevão Misael
GERÊNCIA DE FINANÇAS	Selma Maria Fernandes do Valle
COORDENADORA COMERCIAL	Silvana Vicente

Ao meu pai e amigo íntimo, Mário Galvão, em memória.

AGRADECIMENTOS

Agradeço ao meu pai, Mário Galvão, coautor póstumo deste livro, como bem o definiu meu prefaciador, e à minha mãe, Norma de Paula Gomes, ambos professores e meus melhores amigos, por todo carinho e dedicação, falecidos nesta vida, mas ainda e sempre vivos em mim.

Agradeço à Edissa Fragoso da Silva, viúva de papai, pela dedicação e carinho que sempre demonstrou ter em relação a ele (e também à minha mãe, de quem ficou amiga), bem como ao carinho comigo e com minha irmã.

Agradeço à minha mulher, Bárbara Pinheiro, que, com seu amor e amizade, ajuda-me a ser uma pessoa e um homem (e pai) melhor do que sou.

Agradeço à minha filha, Fátima de Paula, minha estrelinha, que, com 11 anos (e já com alguma sabedoria de vida), ajuda-me a redirecionar meus caminhos de vida.

Agradeço ao professor e amigo Chico Alencar, pelo belo e generoso prefácio.

Finalmente, agradeço a uns tantos amigos e alguns familiares (também eles, amigos), que, com sua amizade e apoio, ajudaram-me a chegar até aqui, com galhardia, posto que amigos são a família que escolhemos para nos seguir pela vida afora.

Para conhecer a verdade é preciso imaginar miríades de falsidades.
Oscar Wilde (1854-1900), escritor irlandês

A liberdade consiste em conhecer os cordéis que nos manipulam.
Baruch Espinoza, (1632-1677), filósofo holandês

Sejamos tranquilos como as montanhas e fluamos como os grandes rios.
Lao Tzu (século VI a.C.), filósofo chinês e fundador do Taoísmo

APRESENTAÇÃO

Alguns afirmam que a verdade é o real ou, ao menos, o real possível e passível de apreensão, dentro de um conjunto de atos e fatos humanos, de valores e consequências, de nossos sentidos e realizações, o que aponta para uma questão discursiva e ideológica, na medida em que apreendemos o mundo e a vida por nossos discursos (palavra, falada ou escrita, objetos artísticos, representações cognitivas, expressões matemáticas etc.). Podemos entender por ideologia não um conjunto de regras preestabelecidas, mas uma espécie de gramática de engendramento de sentidos sociais, como ensinou o filósofo argentino Eliseo Verón (1935-2014). Para o filósofo alemão Friedrich Nietzsche (1844-1900), a verdade é um ponto de vista e, portanto, impossível de ser definida de modo absoluto, salvo em questões específicas e imutáveis, para quem nelas acredita, sejam essas questões relativas às divindades, sejam em (supostos) absolutos seculares, como o Estado (poder público), concepção que talvez tivesse a concordância de outros pensadores, como o filósofo alemão Friedrich Hegel (1770-1831).

Existe a verdade ou tantas verdades quantas forem as interpretações humanas, em sua busca infinita pelo desconhecido, com as mediações práticas e discursivas possíveis, como teorizaram pensadores como o filósofo italiano Umberto Eco (1932-2016)? Onde buscar a verdade? Na coisa apreendida ou no *ser* que apreende a coisa? Nas informações, por si mesmas, ou no significado que lhes atribuímos? Onde está a verdade social: na imaginação de cada um, de modo independente, ou nas pactuações coletivas e em suas materializações políticas e econômicas? A cultura é uma verdade ou proporciona alterações perceptivas, sensíveis e cognitivas que nos ajuda na busca por nossas verdades e a pactuarmos nossas crenças e/ou percepções com as crenças e as percepções das outras pessoas?

No conto "Ideias de Canário", de Machado de Assis (1839-1908), nosso genial escritor negro, que viveu e escreveu em uma época que, mais do que hoje, os negros (os diferentes e/ou os não pertencentes aos grupos hegemônicos, ontem e hoje) não tinham vez (o que só aumenta a dimensão desse brasileiro), um canário falante, descoberto numa loja suja e maltratada qualquer, por Macedo, o personagem principal do conto, é ouvido por ele e só por ele. Macedo quer comprar o canário que, a princípio, não se mostra interessado em sair da loja e da sua jaula, afirmando ser o seu mundo, mas Macedo o compra assim mesmo, dizendo que ele tinha que ver o céu e o Sol. Ao chegar em casa, Macedo Macedo realiza diálogos com o canário e faz uma série de anotações para mostrar à comunidade científica sua descoberta e as reflexões conjuntas com o bichinho. O canário, entretanto, após muitas conversas, foge e é procurado por um bom tempo pelo desolado Macedo. Certo dia, em um parque, Macedo o encontra e lhe pede para voltar para casa e para a gaiola, com o objetivo de restabelecerem a pesquisa, lembrando ao animal que essa houvera sido sua escolha primária, a de permanecer na loja e entre grades. Contudo, o canário afirma que o mundo dele, a partir do momento em que fugira e provara a liberdade, tornou-se o céu, com o Sol por cima.

O mundo do passarinho, depois que ele passou a conhecer mais mundos, por assim dizer, ampliou-se de tal modo que já não mais cabia nos limites de sua antiga jaula, em sua "zona de conforto". De algum modo e à sua maneira, Machado de Assis reeditou, ficcionalmente, o Mito da Caverna, do filósofo grego Platão (427 a.C.-347 a.C.), que expõe como nossos horizontes senso-perceptivos e de conhecimento sobre a vida se aprofundam e se alargam na razão direta da capacidade que temos e/ou adquirimos de apreender o que está por trás das aparências. Ler e interpretar o mundo, que não é, está sendo, é fundamental, como nos ensinou o filósofo e professor brasileiro Paulo Freire (1921-1997), porque só assim algo próximo à verdade ou às verdades poderá se descortinar perante nossos olhos, mentes e corações.

Revolução não rima com luta armada: rima com emoção, com coração! Essa era uma verdade para meus pais. Essa é uma verdade para mim. O mundo descortina-se a cada vez que abrimos os olhos para algo tão simples quanto, parece, no mais das vezes, de muito difícil assimilação para, talvez, a maioria das pessoas: a liberdade fundamenta cada um de nós, em nossos projetos essenciais; existimos e nos constituímos a partir disso, como diziam o filósofo francês Jean Paul Sartre (1905-1980) e os existencialistas em geral. Não obstante, eis a dificuldade maior, é possível que a maioria não perceba que a verdade, ou melhor, as verdades, em que pese a inquestionável subjetivação de suas constituições, devem ser coletivamente pactuadas para que todos possam ter uma vida minimamente digna e feliz. A liberdade de cada um não é absoluta, não no sentido de que podemos fazer tudo, exatamente, o que desejamos, do modo como imaginamos, no tempo que nos é aprazível, mas na medida em que ela deve ser exercitada com o respeito à liberdade alheia, o que impõe menos egoísmo da parte nossa e mais entrega respeitosa ao outro, como alguém que, no limitar da própria liberdade, posto que também a tem, faz com que essa liberdade seja infinita em si mesma.

Revolução em Lagoa Linda é um texto escrito, originariamente, no início dos anos 1970, por meu pai, Mário Galvão, quando eu ainda era criança, e retomado e ampliado por mim, aproximadamente 45 anos depois de ele ter iniciado a ideia. Este livro está escrito na forma de um roteiro de peça teatral (embora esteja longo para o teatro, necessitando, nesse caso, de uma roteirização) ou de um filme, daí o porquê de o leitor encontrar, desde o início e até o final do texto, indicações como "as cortinas se fecham" ou "narrador em *off*" ou o porquê de os capítulos, ao invés de estarem assim nominados, aparecem como "Ato I", "Ato II" e por aí vai. A forma como o livro foi escrito faz com que (ao menos essa foi a ideia) essas indicações, ao contrário de o(a) confundir, querido(a) leitor(a), ofertem a você e a quem mais o ler melhor noção de algumas interrupções realizadas quando da escrita, sem que, contudo, o(a) leitor(a) venha a perder o fio da meada da tessitura completa da trama.

Este livro é, de um ponto de vista estritamente pessoal, a homenagem de um filho saudoso, em reconhecimento ao talento e à inteligência de um pai amoroso. Resultado de minha formação humanista, tanto do ponto de vista acadêmico quanto especialmente, inserida em uma perspectiva generosa e solidária de respeito carinhoso à diversidade da vida de todos e de cada um.

Este livro é, igualmente, uma homenagem à minha mãe, que além do amor também incondicional e de ser muito importante em minha formação humana e acadêmica, sempre me dizia que na vida devemos fazer o bem, sem ver a quem.

Este livro, do ponto de vista literário, escrito por pai e filho, é uma homenagem à liberdade, expressa na história de um grupo de *Salbris*, que querem se crer "grandes por dentro", mas poderia ser, por exemplo, a mesma liberdade sonhada e, ainda melhor, realizada, de um grupo de cidadãos de certo país da América Latina que fala português, em não se deixar guiar por meia dúzia de cabeças supostamente iluminadas que os querem dominar e escravizar, com cada vez menos empatia pela vida e sua diversidade de todos os tipos.

A liberdade, a nossa e a do outro, a subjetiva e a social, é um bem precioso demais e não podemos abrir mão dela em hipótese alguma, tanto quanto não podemos, em nome do que quer que seja, tolher a liberdade do outro, considerando as demais vidas apenas e tão somente nosso espelho narcisístico.

Livremo-nos dos grilhões que nos aprisionam em uma vida árida, preconceituosa, autoritária, injusta, tosca e egoísta. Todos merecemos viver com dignidade, conforto, solidariedade, generosidade, gentileza, carinho, alegria, segurança e paz.

Sejamos como os *Salbris*, grandes por dentro, e deixemos que nossas grandezas, em apoio mútuo, extravasem para que possamos construir um mundo novo, juntos. Nem apenas eu, tampouco somente ele: vivamos, cada vez mais, o conceito do "nós"!

Difícil? Sim, muito, mas não é impossível.

PREFÁCIO

DOIS EM DOZE: UMA CRIAÇÃO AMOROSA

Revolução em Lagoa Linda é um livro em 12 atos, com vocação para ser peça de teatro. Tem cortinas se abrindo e fechando, tem voz em *off*. Quem ler, mesmo sabendo-se leitor, irá se sentir um pouco plateia, imaginando as cenas num palco.

Este é um livro de ação, pontuado por reflexão. Tem o cotidiano do trabalho, do descanso, das ternuras, das raivas, das piadas, dos medos. Das trajetórias de uma gente, nas pessoas de figuras simples de Balduína a Linguinha e Campainha, de Bichos Preguiça e da Seda a Cosmos. Em meio à epopeia do povo Salbri, tão "grande por dentro", há chamamento ao "sentimento trágico da vida", à indagação sobre o sentido de viver. De ser e de ser-com-os-outros.

Este é um livro carregado de referências – e ensinamentos – geográficas, não fora um de seus autores especialista na matéria: tem lagoa (por óbvio), tem ilha, península, istmo, estreito, florestas e mares, abalo sísmico, ou "cínico" (tem humor também!). Rios e mares, cavernas, estalactites e estalagmites. Tem a necessidade de proteção a mananciais e o alerta sobre o esgotamento dos recursos naturais.

Este é um livro prenhe de História e da luta contra a opressão secular dos mais fortes e equipados contra os mais fracos, que podem vencer ou ao menos sobreviver, se bem conscientes e organizados. Davi x Golias. "Pais da Pátria", como Genésio e Janzol. Povo trabalhador, criador de riquezas, como Ferreiro e Leiteiro. Tem até diplomacia, "nada macia".

Este é um livro que visita elementos da sociologia e da política, ao abordar liderança, organização de grupo a partir de interesses comuns, decisões colegiadas, conselhos, democracia. Conflito de interesses, dominação, reação, longas marchas. Redenção, que não é só nome de caverna.

Revolução em Lagoa Linda remete-nos à fábula (tem, entre outros irmãos de patas, coelhinhos e escorpiões), ao chiste, à dimensão épica, às pequenas coisas diárias que engrandecem a vida. Ao conhecimento advindo do seu principal êmulo: a curiosidade.

Não é um livro "paradidático", como se dizia. Melhor classificar como "literatura informativa". Com o lúdico também se aprende, e muito. Todo bom saber tem sabor.

Ao ler esta REVOLUÇÃO, lembrei de outra, a *Revolução dos bichos*, de George Orwell (1945) e de uma prosaica obra infanto-juvenil, *Fazenda modelo*, de Chico Buarque (1974). Ambas escritas quando, em quadras históricas e países distintos, as sombras do autoritarismo, do obscurantismo, do negacionismo e do despotismo cruel ainda ameaçavam o mundo e o Brasil.

Revolução em Lagoa Linda também vem a público quando as trevas do neofascismo nos ameaçam, com seu ódio ao pensamento crítico, às narrativas libertadoras, às forças transformadoras da Ciência – valores de que este livro é portador.

Toda obra se objetiva em uma criação que vai além de seus criadores. Mas, nesse caso, há uma singularidade: quem a inventou a fez em parceria carnal, consanguínea, e atravessando décadas. *Revolução em Lagoa Linda* é um sonho, materializado em literatura, que passou de pai para filho. Aqui, especialmente, os autores contam (no duplo sentido da palavra).

Peço licença para relatar uma parceria póstuma que também vivi, no final do século passado. Maria Nakano, viúva de Betinho (Herbert de Souza), deu-me, a pedido dele, uma tarefa honrosa: ser parceiro dele, recém-falecido (1997), em uma obra literária para crianças. E assim fiz, complementando, emocionado, o que Betinho deixara. Dessa improvável coautoria nasceu *Miltopéia, a centopeia solidária* (Editora Moderna, 1998, SP).

Pois você, leitor, leitora, tem em mãos essa dobradinha extraordinária: Mário Galvão e seu filho Carlos Fernando são coautores de uma obra com um intervalo de... 45 anos! Isso é uma revolução literária, isso é lindo. Lembrei-me também daquela comovente gravação de Nathalie Cole com seu pai, Nat King Cole: *Unforgettable*...

Aqui está uma lagoa linda onde pai e filho, separados pela boca devoradora do tempo, se reencontram, banhando-se nas águas do que permanece para sempre: saudade, semente.

Rio, 10 de fevereiro de 2021
Chico Alencar
professor, escritor e parlamentar
Vereador pelo PSOL no Rio de Janeiro

SUMÁRIO

ATO I - A PRAÇA, O BOA-PRAÇA E O PREÇO (DAS COISAS)............ 21

ATO II – A VIAGEM E A VERTIGEM (DAS DESCOBERTAS) 39

ATO III – QUEM É VIVO SEMPRE APARECE!............................... 54

ATO IV – O FÍSICO, A FÍSICA E A NATUREZA............................. 62

ATO V – QUEM PARA NÃO ANDA! 67

ATO VI – DIPLOMACIA NADA MACIA 76

ATO VII – FLANANDO PELO CONHECIMENTO............................ 83

ATO VIII – DESENCONTROS E ENCONTROS 91

ATO IX – DE PEIXES E PESCADOS 98

ATO X – O PREÇO DE UM RESGATE....................................... 108

ATO XI – DAVI X GOLIAS: UM NOVO RECOMEÇO! 112

ATO XII – LAR, DOCE LAR! OU OS PRIMEIROS DIAS DO RESTO DA HISTÓRIA SALBRI... 125

As cortinas se abrem e aparecem dois mapas: à esquerda, uma lagoa, propriamente dita, e a Floresta das Lepitotas; à direita, um mapa estilizado da aldeia de "Lagoa Linda", com as avenidas, a Pedra da Itapuca, um grande penhasco, e a foz do Rio dos Jacarés. O narrador (oculto) diz o texto introdutório a seguir.

Ao sol do meio-dia, com o verão a pleno vapor, Lagoa Linda parecia uma aldeia fantasma, abandonada, tão deserta quanto suas quatro grandes avenidas orientadas na forma da Rosa dos Ventos, e de suas várias ruas vicinais, todas partindo e chegando dessas avenidas principais. A Praça do Troca Tudo também estava deserta. Movimento não havia, nem sequer nas hortas e plantações, pomares e pastos em volta da aldeia, onde descansavam até mesmo as cabras, as ovelhas e as aves que se abrigavam, imóveis, à sombra das árvores frondosas que margeavam suas águas límpidas. As matas ciliares da lagoa, cuja comparação com os cílios dos olhos mostra a indissociabilidade entre a vida e a poesia, fazem parte dos muitos e verdadeiros espetáculos dessa aldeia e seu entorno, onde os habitantes e a Natureza não competem, mas se harmonizam em solidária existência. A despeito do aparente marasmo, contudo, não se via sinal de abandono em parte alguma: pelo contrário, tudo estava muito limpo e bem cuidado. Era só o recolhimento para o almoço, a tradicional sesta, a soneca após a qual a aldeia ressuscitava, lá pelas duas, três horas da tarde, com a diminuição do calor.

Fecham-se as cortinas.

ATO I - A PRAÇA, O BOA-PRAÇA E O PREÇO (DAS COISAS)

Narrador falando em *off*, enquanto as cortinas são, novamente, abertas – *Estamos na casa de Balduína, Linguinha e Campainha, com os dois últimos na varanda, preparando-se para a sesta.*

Enquanto Balduína cumpria sua tarefa matinal de, junto às colegas da equipe de limpeza urbana, varrer a Praça do Troca Tudo e as ruas, Linguinha adiantara o almoço da família. Campainha, que ajudara na arrumação da cozinha, pergunta ao pai:

— Papai, o que é liderar?

— Liderar, filho, é sentir e/ou saber o que as pessoas precisam e propor coisas que vão ao encontro do anseio popular. É estimular o povo a agir tendo em vista a necessidade geral. É como...

— Não complique as coisas para o garoto! – interrompeu-o Balduína, chegando em casa. Liderar, meu filho, é ajudar as pessoas a ver a força que elas têm para discutir e para realizar. Mas por que você pergunta isso, querido?

Campainha, que tinha acabado de prender sua rede nos ganchos para a sesta, respondeu um tanto sonolento:

— É que o Bicho-Preguiça falou que o trisavô dele foi um dos líderes, com o trisavô do nosso conselheiro Genésio, que tem esse nome em homenagem ao líder da migração histórica do nosso povo na viagem pra cá, quando a aldeia foi fundada.. – Acomodou-se na rede, enquanto os pais faziam o mesmo. – É verdade?

— É siiiiimmm! – disse Linguinha, enquanto boceja. – Nosso povo vivia no continente, na Floresta das Lepitotas, que fica em volta do Morro das Lepitotas, quando os gigantes a invadiram e expulsaram os Salbris de lá. Destruíram tudo, mataram muitos de nós. Dos quase cinco mil que éramos, restaram pouco mais de mil de nós. E Genésio...

— Por que nós somos Salbris, hein, papai?

— Na língua de nossos antepassados, Salbri quer dizer *"grande por dentro"*. Eles se deram esse nome para responder às gozações dos homens que vivam nos campos e nas vilas além da floresta, homens que tinham mais de um metro e setenta, um metro e oitenta, ou até um pouco mais, e olhavam com ar superior o metro e trinta, metro e quarenta, metro e meio, no máximo, de altura média de um Salbri adulto.

— Mas... E Jiquiri e Rosita? Eles têm mais de um metro e sessenta e são Salbris. E olha que ainda são jovens e vão crescer um pouco mais – falou Campainha.

— É que um dos homens de uma das vilas se casou com uma Salbri, que já era um pouquuuiiinho – fez um sinal com as mãos, mostrando o tanto a mais de altura que a Salbri da história tinha, em relação às demais, suas amigas – mais alta do que a média das fêmeas do nosso povo e deu nessa família de anões gigantes...

— Casar com gente de fora! Pode isso?! – disse Balduína, depois de um muxoxo.

— Bobagem, mulher. – Disse Linguinha. – Além disso, foi também o tetravô de Jiquiri que nos salvou.

— Mas não foi Genésio e o tetravô do Bicho-Preguiça?

— Também. Filho, vou lhe contar, rapidamente, a história. Mas se eu pegar no sono e você me acordar pra continuar vai ter bronca! Olha só, sua mãe já está roncando aí do lado...

— Eu não ronco! – exclamou Balduína, sem abrir os olhos.

— Tá bom, conte. Se você dormir, a gente continua amanhã.

Linguinha parou um instante, observando pela janela as evoluções de um bando de gaivotas e mergulhões, até que duas dessas gaivotas mergulharam no mar, lá longe, além dos arrecifes. Os mergulhões também faziam seu poético voo rasante na direção do mar, para pegar peixes.

— Bem, como eu disse, nossa gente vivia tranquilamente quando os gigantes apareceram, vindos sabe-se lá de onde, e depois de saquearem as vilas dos homens entraram na floresta. Roubaram nossos rebanhos e plantações e queimaram nossas cabanas de troncos e palhas. Os nossos antepassados lutaram muito e bravamente, mas como resistir contra homenzarrões mais de duas vezes maiores do que nós, quase todos com uns dois metros e meio de altura, podendo chegar, em alguns casos, a três metros?

— Eu corria! – disse Campainha.

— E foi exatamente isso o que os Salbris tiveram de fazer quando viram que lutar seria quase suicídio. Genésio, reunindo os poucos de nós que haviam sobrado, depois do último ataque dos gigantes e dos terremotos, vulcões etc. nas cavernas do Morro das Lepitotas, liderou a fuga. Mas pra onde? Foi quando Janzol, o pescador, trisavô de Jiquiri, contou o segredo do lugar onde apanhava os peixes enormes que trocava com os outros.

— Já trocavam naquela época?

— Sempre trocamos tudo, filho. Janzol pescava aqui, na península.

— Uai, aqui não é uma ilha?

— É. Mas era península, naquele tempo. Havia um istmo, que é uma espécie de filete de terra que liga duas grandes massas terrestres, unindo-as através do mar que ia desde a Pedra da Itapuca, ali em frente à Praça, até o continente, na margem sul da foz do Rio dos Jacarés. Era um istmo bem estreito, de pedras pontudas e cheias de limo; escorregadio e perigoso de andar. Na maré cheia, o mar cobria tudo com ondas enormes, o ístimo sumia e a península virava ilha.

— Caramba! — Campainha espantou-se.

— É. Um dia, estava tudo calmo e a maré estava baixa. Genésio organizou o pessoal, cada um com a trouxinha do que conseguira salvar, e vieram pra cá, guiados por Janzol. Genésio, quando viu uma ponta de lagoa, do alto do Morro das Lepitotas, exclamou: "Que lagoa linda!". Em futuro próximo começaria a povoação ao redor dela.

— Ah, por isso é que a nossa aldeia é chamada de Lagoa Linda?

— Isso mesmo. Fizeram casas de palha e começaram a viver da pesca. Mas os gigantes logo nos descobriram aqui e aleatoriamente, vinham saquear o povoado, até que, um dia, acabaram por arrasá-lo novamente. Acho que eles nem vinham tanto pelo que podiam saquear, já que nunca fomos um povo ganancioso e, por tanto, nunca tivemos riquezas. Eles vinham, creio, mais por uma questão de poder; como uma forma de dizer: "Olha, quem manda aqui somos nós. Entenderam?". Os Salbris tiveram que voltar aos primeiros tempos, passando a viver nas cavernas de coral, que sempre foram abundantes e se mostraram extremamente seguras para nós porque seus túneis, muito baixos e estreitos, não permitiam a entrada dos gigantes. Saíam, então, durante o dia, mas deixavam sempre uma sentinela no alto do penhasco da Itapuca e ao sinal de "Lá vêm eles!", era aquela correria para as cavernas. E lá ficavam, furiosos e impotentes, vendo aqueles homenzarrões, bárbaros, roubando e queimando tudo o que possuíamos e construíamos com nosso esforço e sem incomodar ninguém, sem roubar nada de ninguém.

— Que vida dura! – Campainha já estava com os olhos pequenos de sono, mas continuava atento.

— Duríssima! E para fazer o chão?

— Como assim, fazer o chão? – Campainha arregalou os olhos, apontando para o terreno além da porta da cozinha. – Ele não esteve sempre aí? Ou eles andavam no ar? – disse, rindo às gargalhadas.

Linguinha bocejou, espreguiçou-se e sorriu também.

— Não, filho! Bem... Esteve e não esteve. Aqui já foi uma ilha rochosa, coberta de areia. Terra, mesmo, havia pouca, uma faixinha estreita em volta da lagoa. O resto era arenoso como praia, não dava pra plantar praticamente nada. Criação de animais, então, era quase impossível, porque capim não dá em areia...

Campainha desceu da rede e, andando um pouco pelo quintal, voltou com um punhado de terra preta numa pazinha, colocou-o no vaso de gerânios e perguntou:

— Mas isso não é areia, é, papai?

— Claro que não, filho. É terra, boa terra preta das margens e do fundo do Rio dos Jacarés e da própria lagoa. Durante décadas, pouco mais de um século, para ser um tanto mais preciso, sempre na escuridão da noite e em silêncio por causa dos gigantes, gerações de Salbris revezaram-se em grupos, que iam e vinham pelo istmo, na maré vazante da madrugada, trazendo nas costas cestos e mais cestos de terra, que foram espalhando pela península, até formar o chão que temos hoje. Muitos morreram ao cair no mar e serem devorados por tubarões, outros em ataques surpresa dos gigantes, mas se mantiveram fortes, unidos e decididos porque acreditavam que essa era a única chance do nosso povo.

— Nossa! – Os olhos de Campainha faiscavam. – Eles fizeram mesmo, literalmente, nossa terra!

— É assim que tem de ser, filho – falou Balduína, ainda com voz de sono, de quem ainda se espreguiçava gostosamente na rede. – A gente faz a terra e a terra faz a gente, com a comida e com o resto que nós tiramos dela.

— É por isso que até hoje um ajuda o outro aqui – acrescentou Linguinha. – Não vê como a gente divide as coisas lá na Praça do Troca Tudo?

— É... uma confusão danada! – disse Campainha.

— Confusão organizada, filho. O que um produz, leva para a Praça. Lá, a gente divide em quatro partes.

— Você é quem divide, não é, papai? Você é o líder?

— Só organizo.

— E fala pra burro! – suspirou, com certa resignação e riso, Balduína. – Meus ouvidos até doem...

— Ora, meu bem, esse é o meu trabalho. Deixe de implicar!

— Certo, seu pai organiza a bagunça, digo, a divisão – e riu de novo. – A primeira parte é para o consumo próprio de quem produziu e para guardar para trocas futuras. A segunda parte, a maior, é levada por quem produziu pra ser trocada por outras coisas, que são produzidas por outros Salbris. Quer dizer, o excedente de produção de um é usado por ele mesmo e para o benefício geral dos outros. Ninguém precisa mais do que o suficiente para viver com qualidade e conforto. Qualquer coisa a mais é uma ganância desmedida que não se adequa a quem é "grande por dentro". Afinal, se alguém tiver mais do que precisa, certamente vai falar para outro que terá menos do que necessita, e como isso não é aceitável, o que poderia começar a acontecer é que esses, que pouco ou nada teriam, iriam tentar fazer de tudo, mesmo coisas reprováveis, para ter o que acham que lhes faltaria ou partiriam para roubar, simplesmente, ou ambas as coisas.

— Ah! É por isso que a dona Emília troca o milho dela por tomates; Zé Botina troca sapatos por panos e peixes; Carneirão e Cabrita trocam leite e carne por... – ia dizendo Campainha.

Linguinha levantou-se da rede para beber água, interrompendo-o.

— Isso mesmo. As coisas têm o valor da necessidade que cada um tem delas. E todos se entendem.

— É, sei... Mas às vezes quase sai tapa, né? – disse Balduína.

— Quase não: às vezes sai mesmo. Mas a gente sempre dá um jeitinho – disse Linguinha, dando uma piscadinha de olhos para Campainha, que sorriu para o pai.

— Filho, você conhece a historinha do coelhinho e da produtividade da caça? – perguntou Linguinha.

— Não, papai. Que historinha é essa? Conta aí pra mim, vai, vai! – animou-se Campainha, que amava as historinhas do pai.

— Bom, filho, tem a ver com a questão da generosidade individual e da solidariedade coletiva, que temos que ter, e com o fato de que não devemos ter mais do que precisamos. Até porque, filho, vamos falar a verdade, não precisamos de muita coisa. O básico, com pequenos luxinhos, que também fazem parte da vida, é mais do que necessário, não acha?

— Acho, papai. Mas agora conta a historinha.

— Tá certo. Vamos lá.

Linguinha e Campainha permanecem na rede, com Linguinha apenas gesticulando, como se estivesse contando a história para o filho, que continua atento, com o olhar fixado no pai. A cortina se fecha brevemente e as luzes são apagadas. Quando a luz é acesa de novo e as cortinas se abrem, a história é lida pelo narrador, em *off*, enquanto fantoches dos personagens (coelho, leão e escorpiões) são apresentados, "encenando" no palco a narrativa, à direita. À esquerda, Linguinha, Campainha e Balduína permanecem em cena, apenas gesticulando, simbolizando o momento da conversa.

"Era uma vez (ou muitas vezes!), um coelhinho nada felpudo, bastante castigado pelas agruras da sobrevivência na selva, mas que defendia ardorosamente o seu direito à competição na busca pela sobrevivência do modo como melhor lhe aprouvesse ao, por exemplo, correr atrás de seus alimentos. Afinal, era inalienável o seu desejo de comer o que quer que fosse, e essa livre iniciativa era-lhe sagrada. Sempre lhe disseram isso e ele aceitou como uma verdade universal inquestionável. O problema, que o coelhinho não percebeu, é que ao transformar ideias em dogmas, adotamos que estes são indiscutíveis, enquanto deveríamos realizar aquelas, passíveis de debates e acordos. Ele nunca se deu conta de que só com ideias, competência

e solidariedade podemos transformar nossas vidas, coletivamente, em algo melhor".

"*Nosso bravo coelhinho seguia sua vidinha 'meio barro, meio tijolo', mas com dignidade, como acontece com quase todos na selva, e, de vez em quando, seu caminho cruzava com predadores carnívoros, alguns até seus amigos, os quais, naturalmente mais bem preparados pela genética selvagem, dominavam o pedaço e o 'livre mercado da caça, pesca e coleta' de alimentos. E isso a despeito do que esses 'amigos da onça' contavam, que todos os animais podiam ser como eles, fortes e bravos, bastaria, para tanto, que se esforçassem, com ginástica, por exemplo, que seu desempenho individual melhoraria e isso faria com que todos na selva fossem vitoriosos. O coelhinho achava meio estranha essa conversa de que ele poderia ser um predador, como o leão ou como o tigre, mas ele defendia com afinco o seu direito de tentar essa façanha. Aliás, para falar a verdade, o coelhinho, às vezes, também se perguntava por que que é que, na Natureza, a presença de predação era, por assim dizer, obrigatória. Por que não uma colaboração entre espécies? Mas essa era outra história e tal pensamento foi abandonado ainda em sua tenra idade juvenil. A pergunta o incomodou por muito tempo. Contudo, crescido e maduro, vivido e defensor de suas posses a todo custo, ele continuou a pregar a livre concorrência e a meritocracia entre, por exemplo, o leão e ele, pelo direito de viver na selva, em... vamos lá... igualdade de condições de competitividade. Alguns poucos chatos insistiam em pregar a ideia de colaboração, mas eram uns inconsequentes ou ingênuos, pensava o coelhinho. Eles não percebiam a beleza da livre concorrência e da meritocracia individual (que alguns, às vezes, chamavam de 'bichocracia') e queriam, na verdade, ganhar seu alimento sem nada fazer. 'Ora, bolas, são uns preguiçosos! Querem, na verdade, não um sistema colaborativo, mas pegar o alimento que eu busquei com o sacrifício de minha jornada', dizia o coelhinho. É o que os predadores chamavam de 'Animalismo'*".

"*Os dias e as noites se sucediam na floresta, e a caça, a coleta e a pesca, os meios de produção de alimento, por excelência da bicharada, atingiram um ponto crítico no período da seca, que foi mais rígida e prolongada do que em anos passados. O alimento começou a escassear, inclusive para nosso amigo coelhinho, que viu* sua jornada cada vez mais difícil. Um dia, cruzou com o leão, antes seu amigo, apesar de predador, e notou nele certo olhar estranho, como não vira antes. Cabreiro, despediu-se e seguiu por outra trilha. Contudo, dali a três dias, cruzou novamente com o leão, o qual, esfomeado, partiu para cima do coelhinho, que tentou, sem conseguir, demovê-lo da ideia de devorar o amigo. 'Amigos, amigos, negócios à parte', rugiu o leão, pouco antes de tentar um bote fatal. Mas como era rápido, o coelhinho conseguiu se livrar do golpe e correu em direção ao rio, ali perto. Lá chegando, tentou atravessar as águas poucas, mas ainda com forte corredeira (ao menos para um coelhinho). Olhou em volta desesperado, buscando uma solução, pois o leão já se aproximava. Eis que nosso amigo viu seis escorpiões que, de patinhas dadas, imaginavam um jeito de atravessar o rio, unindo forças e formando uma espécie de 'corrente escorpiônica', que mais lembrava uma jangada. O coelhinho, rapidamente, pediu ajuda, e um dos escorpiões falou assim: 'Pode vir, coelhinho. Sobe na gente que te levamos pro outro lado'. O coelhinho não pensou duas vezes. No meio da travessia, contudo, sentiu uma pontada e constatou, estarrecido, que um dos escorpiões o picara. Com o veneno já nas entranhas, juntou suas últimas forças e perguntou ao suposto amigo que lhe oferecera ajuda o porquê daquela traição, e o escorpião, meio constrangido, meio cínico, respondeu: 'É da minha natureza de predador, coelhinho, e ninguém foge, de todo, à sua natureza. Além disso, meu caro, também falta comida para nós e, embora coelhinhos não estejam no nosso cardápio, é melhor um coelho do que a morte. Nós temos que sobreviver, também'".

"Pouco antes de morrer, já chegando à outra margem, o coelhinho pensou: 'É, a livre concorrência por alimentos é uma boa, mas será que não tínhamos um jeito melhor para nos organizarmos, de modo a fazer valer, principalmente nos períodos difíceis, um sistema de vida selvagem que permitisse a todos um mínimo de garantia de sobrevivência com dignidade? Será que a colaboração não focada na livre concorrência selvagem, como se um coelhinho tivesse as mesmas condições de sobrevivência que um leão, ou mesmo que um escorpião, mas em sistemas de solidariedade e cooperação, em que o mérito é, sim, contemplado, mas em que o mais fraco é protegido, instituindo uma espécie de 'mérito coletivo e solidário', não seria melhor?'. Será uma utopia? O coelhinho, bem como outros *companheiros de floresta, jamais saberá a resposta. Talvez, imaginou o coelhinho, o leão soubesse me responder. O tempo passou, a seca arrefeceu e mesmo com a triste história do coelhinho tendo sido espalhada por um dos escorpiões arrependidos, espraiando-a (quase) como lenda, outros coelhinhos estão andando, novamente, pela floresta, defendendo, tal como o agora falecido coelhinho, a livre concorrência predatória e selvagem. Até quando?".*

O narrador para de falar, o cenário dos fantoches é retirado, com as cortinas apenas meio fechadas, e os personagens retomam a história original.

— Que historinha legal. Vou pensar melhor sobre o que ela quer dizer. Mas o Jiquiri parece não produzir nada. O que é que ele produz, papai?

— A mamãe varre as ruas e a Praça de manhã, e faz faxina nas casas à tarde... Então, Jiquiri, como é alto e forte, faz a poda dos galhos das árvores, limpa, conserta, acende e apaga os lampiões das ruas, conserta telhados e presta serviços gerais a todos nós. Você não gosta das ruas limpas, não precisa das ruas iluminadas à noite?

— Claro, papai!

— Então, quem cuida disso também produz bem-estar pra todo mundo, não é? É justo que receba. Algumas Salbris e alguns Salbris optam por ficar em casa, cuidando dos filhos, e isso faz com que nossos filhotes sejam bem educados e afetuosos, porque é assim que nós criamos vocês. Esses Salbris também produzem vida e bem-estar para todos e não fariam isso tão bem se tivessem que, por exemplo, plantar arroz.

— Hummm... Eu não tinha pensando nisso, papai! – exclamou Campainha.

— Pois é. E você acha que eu e sua mãe deveríamos trabalhar de graça?

— Claro que não, papai. Como é que a gente ia viver aqui em casa?

— Ainda mais porque eu presto serviços a todo mundo – continuou Linguinha. –Converso com todo mundo, vejo o que as pessoas pensam e precisam; bato o sino da Praça pra reunir o povo e dou as notícias; organizo grupos para ajudar quem está precisando; organizo as festas...

— Isso é que é bacana! – Campainha vibrava. – E quando será a próxima?

— Semana que vem. Mas eu faço muito mais do que isso, filho. Organizo as divisões e as trocas todas as manhãs bem cedinho e depois da sesta, na Praça do Troca Tudo...

— É, depois eu que limpe toda a sujeita que fica por lá: cascas de banana, palhas de milho, folhas secas... – protestou, ainda que com suavidade, Balduína.

— Ora, esse é o seu trabalho. E bom cabrito não beeeeerra, amor! – disse Linguinha, imitando cabrito e rindo, com Campainha e Balduína.

— Mamãe, você disse que dividimos as coisas em quatro partes, mas só falou de duas. E a terceira e a quarta parte?

— Calma, filho – disse Linguinha. – A terceira parte é dividida entre os que prestam serviços a todo mundo...

— Como você, mamãe, Jiquiri, Caixa D'Água...

— Justamente. A quarta parte da divisão, que é a menor, é entregue aos velhos que já não podem trabalhar e...

— Sei, os aposentados, como o Bicho-Preguiça – disse Campainha.

— Não, esse recebe por prestação de serviços gerais – retificou Linguinha.

— Um vagabundo inútil! Aposentado desde que nasceu... – resmungou Balduína, e ela fazia assim porque Preguiça era, sim, um tanto devagar, como o nome indica, mas ela não aceitava que a função dele fosse a de anotar a própria História de Lagoa Linda.

— Por quê? – Campainha perguntou intrigado.

— Preguiça, filho, é o notário do conjunto dos nossos documentos, o arquivista do depósito central do povoado, onde guardamos um pouco da produção geral para os momentos e escassez. Preguiça, Campainha, é, também, o historiador da cidade e o jornalista da aldeia, enfim, é o guardião da memória dos Salbris – atestou Linguinha.

— Balela – protestou Balduína. Um inútil, como disse. Bom, filho, a quarta parte é distribuída para os aposentados, como Chico Ferreiro, e para os que não podem trabalhar em determinado momento, por qualquer motivo.

— Como a Emília, quando estava esperando o Sabuguinho?

— Taí um bom exemplo, filho. Emília é uma das que produzem coisas. Planta e colhe milho, trocando-o na Praça. E, à noite, troca pipocas.

— Que nós, garotos, pagamos ajudando a limpar a roça e a debulhar as espigas. Legal!

— É isso aí, filho. Nas últimas semanas da gravidez da Emília, antes do Sabuguinho nascer, ela já estava com a barriga muito grande e pesada e não podia mais trabalhar na roça. Quando nasceu o garoto, ela passou mal e continuou sem poder voltar à labuta por uns tempos.

— Só trocava pipocas – confirmou Campainha.

— É. Seu pai organizou grupos que a ajudaram na roça naquelas semanas. E até poder voltar a trabalhar ela ficou recebendo daquela quarta parte da divisão das coisas – atestou Balduína.

— Eu lembro. Ela ia quase todo dia à Praça com Sabuguinho no colo, para pegar a parte dela – disse Campainha.

— Pois é. Assim, todo mundo se ajuda, ninguém explora ninguém e a gente vive bem – confirmou Linguinha. – Filho, a meritocracia de cada um passa pela meritocracia coletiva e vice-versa. Há que se ter generosidade pessoal e solidariedade coletiva.

Campainha foi até a janela e ficou olhando o mar. Lá longe, a sudeste do continente, as sombras dos penhascos do Morro das Lepitotas e a foz do Rio dos Jacarés ao Sul, apresentavam-se como falhas claras no paredão rochoso e no litoral. Linguinha e Balduína recolheram as redes. Pela janela já se podia ver o reinício do movimento nas ruas e na Praça bem em frente. A cidade acordava, iniciava a segunda parte dos trabalhos do dia. Campainha pegou seu canivete, havia muitos peixes a escamar e muito milho a debulhar.

— Só uma coisa mais, papai. Se os Salbris ficaram vivendo nas grutas por causa dos ataques dos gigantes, como conseguiram construir a aldeia?

— Bem, eles levaram décadas, pouco mais de um século, até chegarem ao que temos hoje. Os velhos contavam que as grutas eram até confortáveis, o que, somada à segurança que sentiam, fez com que nossos antepassados não tivessem muita pressa. Enquanto lutavam pela sobrevivência, eles faziam o chão, como lhe expliquei, e viviam da pesca, da coleta de frutas e de algumas plantações caseiras. Entretanto, pouco havia para eles.

— Nem árvores? – perguntou Campainha.

— Coisas de beira de mar. Os Salbris foram trazendo sementes e mudas do continente, pelo istmo, sempre na maré baixa da madrugada; trazendo e plantando, criando cabras e ovelhas; as aves vieram depois. Foi assim até o terremoto.

— Ah, o Bicho-Preguiça já falou desse negócio. Ele disse que foi um abalo cínico. Bicho-Preguiça é muito aleijado, né? – disse Campainha.

— Cínico é ele! – resmungou novamente Balduína, mas agora, com um sorriso maroto de canto de boca.

— Deixe o velho pra lá... É abalo sísmico, filho (rindo). E você deve estar querendo dizer que Bicho-Preguiça é muito arejado, ou seja, mais esperto e de "cuca fresca", não é isso? – corrigiu Linguinha, às risadas. Abalo sísmico é o nome científico de terremoto.

— Isso, desculpa. Mas como foi esse terremoto, papai?

— Só o Bicho-Preguiça é que tem isso escrito nos livrões lá dele e é isso o que ele faz, filho. Não é, Balduína? – disse Linguinha, olhando para a esposa, com um tom um tanto provocativo. Ele é, como disse, o guardião da memória de Lagoa Linda. Sobre o terremoto, não sei, exatamente, quando, nem como foi. O certo é que, uma noite, tremeu tudo aqui. Uma parte da península desapareceu no mar, matando muitos Salbris. Só se salvaram aqueles que conseguiram sair das cavernas a tempo, antes de parte delas, desabar. A maioria, felizmente. A Itapuca, que era um paredão alto, virou o penhasco mediano que você conhece. E o istmo desapareceu completamente no fundo do mar. É a força da natureza, filho, mudando o nosso mundo. Assim foi no princípio dos tempos, assim é hoje, assim será sempre, em alguma medida. O mundo é vivo e nós temos que nos adaptar a ele, vivendo em harmonia com ele e com a vida no planeta, e não o destruindo, senão estaremos destruindo a nós mesmos.

— Que coisa horrível! – lamentou Campainha.

— Foi mesmo, filho. Depois houve alguns tremores menores, dois dias seguidos, porque o subsolo vai se rearranjando, até que os blocos rochosos fiquem de novo em equilíbrio. Quando tudo passou, a península tinha virado a ilha que é hoje, bordeada por aquele cordão de rochedos, lá no horizonte – Linguinha aponta para o sul da ilha.

— E o chão, papai?

— Ah, perdeu-se algum. Mas surgiu mais terra, levantada pelo terremoto, em outras partes.

Balduína, que já havia levantado, saiu da cozinha com balde, vassouras, panos e espanadores. A faxina nas ruas e na Praça do Troca Tudo não podia esperar. Linguinha e Campainha ainda ficaram sentados por um tempinho, à sombra do cajueiro, da mangueira e duas amendoeiras, onde estavam penduradas as redes da sesta, no quadrado que essas quatro árvores formavam.

— Papai, você é o noticiário de Lagoa Linda! – disse Campainha, todo risonho.

— Por isso é que sou o Linguinha, filho (e riu também). Eu informo... Eu comunico as coisas aos Salbris. Se os Salbris não se comunicam, não se entendem... Porque se comunicar, filho, não é apenas transmitir dados e informações, é se fazer entender. E quem não se entende vive mal. Às vezes, dá briga na divisão do que nossa gente produz ou nas trocas. Uns acham que seu produto e seu trabalho valem mais do que o produto e o trabalho do outro, e do que esse outro quer e/ou pode dar em troca. Aí, eu e meus auxiliares entramos, conversamos, e a gente acaba se entendendo.

— Você lidera os Salbris, não é, papai?

— Mais ou menos. Nunca ninguém me disse "Você é o chefe", mas alguém tem que falar e organizar as coisas do grupo, né? Como eu falo, organizo e como organizo...

— Acaba liderando! E o Bicho-Preguiça? Ele também fala...

— É, mas quem lidera, na verdade, são os onze membros do Conselho de Anciãos. Eu venho em segundo plano. Agora, deixe eu acabar de contar a história do começo da aldeia.

Muito tempo conversaram, nesse e em dias subsequentes, os dois; muitas coisas foram esclarecidas, coisas que, para Campainha, eram mistérios, e Linguinha, claro, falava sem parar.

— Após o terremoto, uma fenda se abriu no meio da ilha. A princípio houve pânico geral: "A lagoa vai desaparecer!", diziam alguns. Mas, com o passar do tempo, os Salbris perceberam que novas fontes d'água haviam brotado e que uma nova lagoa, ainda maior e mais bonita, estava se formando. Das brechas nas rochas, muita terra ficou à vista, e, escavada e espalhada por toda a ilha, cresceu a porção de terreno bom para o cultivo e para a criação de animais que temos hoje, principalmente em torno da lagoa. E esse terreno foi rapidamente ocupado por rebanhos de cabras e ovelhas e pelas capoeiras, as quais, como você sabe, são vegetações secundárias de grama e pequenas árvores, que nascem depois da mata original ter sido cortada ou destruída; vieram vários tipos de aves, plantamos hortas, pomares e lavouras diversas. Apesar da tristeza pelos mortos nos tremores da terra, o terremoto trouxe para os Salbris uma nova vida. E principalmente, filho, pelo desaparecimento do istmo. No mundo, Campainha, existe o que a gente pode chamar de "destruição criadora". A vida passa e morre, mas a morte, quando chega, recicla a própria vida. O que nos resta é viver o tempo que conseguimos ter, do melhor modo possível, ou seja, de um modo honesto, fraterno, competente, generoso e solidário. Sei que é um lugar-comum, filho, mas acredito que o que se leva desta vida, se é que levamos alguma coisa, é a vida que a gente leva!

— Que bonito, papai. Vou pensar sobre isso também. Mas por que o desaparecimento do istmo foi bom para nós?

— Porque, filho, sem o istmo, a vinda dos gigantes ficou muito dificultada e eles não puderam mais vir até aqui. Naquela época, eles eram bárbaros (lembra?), não sabiam navegar, nem mesmo em canoas. E os tubarões do estreito não são de brincadeira! Nunca mais um gigante pisou aqui, felizmente. Hoje, eles vivem relativamente em paz lá na outra floresta, que passou a ser conhecida como Floresta dos Gigantes. Só que eles, por vários motivos, como as guerras entre si e a escassez de comida, foram sendo extintos e, hoje, são poucos, até onde sabemos, e perderam o mapa daqui (riu). Também por isso, deixaram de ser problema. Mas naquele tempo, foi apenas com o desaparecimento do istmo, a partir dos dois terremotos, que os Salbris puderam, enfim, respirar e viver em paz. Ah! E já ia me esquecendo, Genésio e Janzol, os primeiros membros fundadores do nosso Conselho de Anciãos, acharam uma caverna que, saindo da Floresta das Lepitotas, desembocava direto na lagoa onde, hoje, vivemos. O segundo terremoto meio que reconstruiu parte do istmo, que eles completaram, como disse, "fazendo o chão", e o terceiro terremoto fechou de vez a passagem terrestre superficial para a Lagoa. Só é possível vir do continente até aqui pelo Rio dos Jacarés que, por sinal, desemboca na Lagoa, ou pelo mar, através do Estreito da Itapuca. Essas cavernas subterrâneas podiam (como podem) serem atravessadas por nós, Salbris, e também pelos homens, mas não pelos gigantes.

— Papai, o que é um estreito?

— Estreito, meu filho, é um canal de água que une dois corpos aquosos, como o oceano e a lagoa que nos cerca, por exemplo, e que, ao mesmo tempo, separa duas massas de terra, os dois lados do continente que, afinal, formam o Estreito da Itapuca.

— E existe diferença entre lagoa e lago, papai?

— Simples: a lagoa é, normalmente, menor, e é formada por alguma razão geológica antiga, não possuindo um lençol freático, ou seja, de água, que a abasteça; quer dizer, se ela secar, secou. Se bem que, em algumas, se muito próximas a um oceano, como é o caso da nossa, pode haver um canal de comunicação com as águas marítimas, o que a impede de secar, muito embora algumas lagoas possam receber o desembocar de um ou outro rio. Já um lago é, geralmente, bem maior do que uma lagoa, tem um lençol freático que o abastece; na geologia podemos dizer que um lago é um afloramento geo-hidrológico. Ah! E todos os dois podem ter rios que, vindos de nascentes várias, desembocam em uma ou noutro.

— Puxa, que legal, papai! Como você sabe disso tudo?

— Sou muito curioso, filho. E cedo descobri que estudar é gostoso porque me faz descobrir coisas; nem sempre o porquê, mas, pelo menos, o como. Há momento e espaço pra tudo nesta vida, filho, inclusive para aprender. E depois, é só botar em prática, na sua vida, as coisas que você aprendeu.

— Vou refletir sobre isso, papai. Conta mais! – falou um empolgadíssimo Campainha.

Narrador, falando em *off* – *E Campainha ficou sabendo como os Salbris traçaram as ruas e a Praça, construindo seu local de reuniões e de trocas; como decidiram construir a casa de cada um de modo a indicar o trabalho que ocupava e/ou sua função no grupo e como, aos poucos, as tarefas foram sendo divididas, com cada um (e com cada família, ou mesmo um pequeno grupo de famílias) se especializando num tipo de trabalho permanente, mas, ao mesmo* *tempo, aprendendo um pouco das funções de outros Salbris, habilitando-se para outros trabalhos e atividades.*

— Para que aprender o trabalho dos outros? Cada um de nós já não tem o seu trabalho? – perguntou Campainha.

— Sim, mas... E quando precisamos ajudar os outros?

— Ah, sim, eles eram (nós somos!) bonzinhos. Vai ver, é por isso que somos Salbris, "grandes por dentro"...

— Não é bem isso... Embora, sim, felizmente, sejamos um povo generoso e solidário. Mas além dessas características culturais nossas, todos sabiam, e sabem, que, volta e meia, precisamos de ajuda e, do mesmo modo, temos que ajudar os outros. Ninguém vive sozinho, filho. E quem não ajuda não é ajudado... Então, para além do grau de bondade, existe o nosso agudo senso de sobrevivência.

Narrador, falando em *off* – *Campainha aprendeu também como, com a divisão do trabalho entre os habitantes da cidade, surgiram os que prestavam serviços gerais, úteis a todos, e porque era justo pagar não só a eles, mas também aos que adoeciam ou que, por velhice, não tinham mais condições de trabalhar. E esse pagamento acontecia com as trocas sociais na Praça do Troca Tudo, mediado por seu pai, Linguinha.*

— Então fizeram uma lei pra dividir a produção naquelas quatro partes, não é, papai?

— Bom, não foi bem uma lei. Uns começaram a fazer a divisão que, hoje, está sob a minha responsabilidade; outros foram copiando o sistema e ele acabou virando um costume.

— Eu acho que tá certo. Quem pode, trabalha, e quem não pode mais, recebe.

— Pois é. Cada um dá o que pode e todos recebem um mínimo do quanto precisam. Pra quê mais?

— Só o Bicho-Preguiça é que a gente não vê fazendo nada. Como é que ele recebe, papai?

Linguinha olhou para o relógio de Sol, junto à porta, em que a sombra da agulha já ia chegando ao terceiro braço.

— Filho, já te expliquei o que o Bicho-Preguiça faz. Esquece a implicância que sua mãe tem com ele. É um bom sujeito. E são quase três horas, hora de trabalhar. Vamos lá!

Narrador, falando em *off* – *A essa altura, a cidade de Lagoa Linda e os campos já apresentavam o movimento normal: Salbris atarefados, indo e vindo por toda parte, mas sem desespero porque, para eles, tempo é vida! Campainha foi juntar-se aos outros garotos na limpeza do peixe e do milho. Linguinha dirigiu-se à Pedra da Itapuca, onde Jiquiri cuidava de um barco, verificando a vela e as cordas, os remos e a vedação do casco.*

— Tudo pronto aí, Jiquiri? Dá pra viajar conforme programado?

— Tudo bem – respondeu o anão gigante, com seu jeitão quieto e voz grave e um tanto arrastada.

— E os víveres e os equipamentos?

— Tá tudo aí: doze sacos no fundo do barco.

— Ótimo. Vamos sair daqui a dois ou três dias, bem cedo, logo que a maré começar a subir, se o pessoal aprovar tudo hoje à noite.

As cortinas se fecham.

Narrador, falando em *off* – *Ficaram os dois a admirar o barco, construído com enorme esforço por todo o povo da cidade, num mutirão de várias semanas, usando como modelo outro barco que, numa longínqua noite de tempestade e aparentemente sem tripulação, naufragara e encalhara nos rochedos próximos do atol. Autorizados pelo povo, reunido em assembleia na Praça do Troca Tudo, Linguinha e Jiquiri já haviam feito algumas viagens experimentais em torno do atol, que é uma ilha oceânica em forma de anel ou meia-lua, formada, em geral, por corais (que são, ao contrário do que se pensa comumente, animais, e não rochas) e tendo, não raro, uma pequena lagoa em seu interior, quando anelado, sem nenhuma aparente conexão com as rochas continentais. Esse atol ficava no pontal do continente, pouco depois do Penhasco da Pedra da Itapuca. Esses passeios foram muito agradáveis e fizeram Linguinha e Jiquiri desejarem, ainda mais, a grande viagem para a qual estavam se preparando. Por três vezes, nessas expedições, chegaram à foz do Rio dos Jacarés, que desembocava na lagoa, onde o barco original havia sido encontrado. Oficialmente, tinham sido simples* *viagens de aprendizado do manejo do bote, com Linguinha ao leme e Jiquiri, por ser maior e mais forte, controlando a vela – ou, eventualmente, remando. Na verdade, porém, a terceira e a quarta viagem ao continente tiveram acontecimentos importantes, que os dois vinham mantendo em segredo, mas que agora, precisavam revelar à comunidade, para contar com seu apoio, num trabalho que, afinal, reverteria em benefício para todos. Um novo povoado Salbri, possivelmente com habitantes também originários da grande fuga ou dispersão, havia sido descoberto e seria contatado. A quinta viagem estava para começar.*

ATO II – A VIAGEM E A VERTIGEM (DAS DESCOBERTAS)

Narrador falando em *off*, enquanto as cortinas são, novamente, abertas – *Segundo dia da quinta viagem da embarcação batizada de "Janzol Genésio". O mar estava calmo naquela manhã ensolarada, mas tudo mudaria até a hora do almoço e Linguinha e Jiquiri, acompanhados por Caixa D'Água e pelo controvertido Bicho-Preguiça, preveem momentos difíceis com a tempestade que se prenuncia.*

— Jiquiri, dá uma olhada no céu. A coisa tá ficando feia! – disse, com seu modo tranquilo, Bicho-Preguiça.

— Verdade – respondeu Jiquiri, que, como dito anteriormente, tinha fala mansa e era de poucas palavras.

— Gente, acho que vem muita água por aí, muito vento... A gente tem que se preparar – falou Caixa D'Água.

— Humm... – murmurou Linguinha que, ao contrário do habitual, estava calado.

Narrador, falando em *off* – *Linguinha tinha plena consciência da importância dessa quinta viagem de barco que a comunidade, mas, basicamente, ele, Jiquiri e Zé Carpinteiro haviam construído, e isso o preocupava ainda mais nesse momento em que a tempestade, em alto-mar, aproximava-se. Ele ficou pensativo, lembrando-se da missão de que foram incumbidos, e em Balduína e Campainha, sua família tão amada; pensava como eles ficariam se a embarcação não aguentasse...*

— Gente, não podemos fraquejar. Lagoa Linda conta com nossa força e sucesso! – disse Linguinha, quebrando o ensurdecedor silêncio que já estava um tanto opressor para os tripulantes, que só faziam olhar para o céu, enquanto faziam os preparos para aguentar a tempestade, a qual já mostrava os primeiros sinais de sua força.

Ninguém disse nada, embora todos tenham feito sinais de concordância. A tensão era nítida, mas a força desses Salbris também era.

— Que venha a tormenta! – gritou Linguinha.

— Que venha a tormenta! – gritaram todos, em uníssono.

Ao fundo, pode ser ouvido no teatro um som de chuva, vento e ondas "quebrando" na superfície oceânica.

Narrador, falando em *off* – *E a tormenta veio mesmo. Veio com a força de vários gigantes; veio como se a missão desses corajosos Salbris estivesse fadada a naufragar junto à embarcação que, no balanço das ondas, mais parecia uma pequena ave tentando manter o rumo bem no meio de um furacão.*

— Jiquiri, segura firme a vela, meu velho, senão a corda arrebenta e aí estaremos lascados, pois ficaremos à deriva. Se o vento aumentar muito, recolha a vela. Caixa D'Água, meu caro, não deixa o leme muito solto pra gente não perder o rumo. Bicho-Preguiça, amigo, amarra direito as nossas provisões e cuide para que elas não se percam – orientava Linguinha, um líder por natureza.

As luzes se apagam e fecham-se as cortinas.

Narrador, falando em *off*, no acender das luzes e no abrir das cortinas – *O primeiro a acordar foi, por contraditório, Bicho-Preguiça, com os primeiros pingos da chuva que ameaçava, uma vez mais, desabar. Ele olhou para o lado e viu os três parceiros de viagem ainda desacordados e o que restara das provisões e dos equipamentos, espalhados pela praia. Mais à direita, nos rochedos, a embarcação "Janzol Genésio", danificada, mas inteira o suficiente para ser consertada e ainda navegar. Lentamente, como era do seu feitio, Bicho-Preguiça acordou Linguinha e Caixa D'Água, na sequência. Jiquiri acordou sozinho. Inventário realizado, os quatro amigos constataram que os prejuízos do naufrágio não tinham sido tão grandes quanto supuseram inicialmente, no momento em que aquela onda enorme pegou o barco de frente e o fez dar uma cambalhota para trás em pleno mar.*

— Linguinha, aquela frente pontiaguda do barco, e o fato de o termos construído bastante longilíneo, como sugeriu o Zé Carpinteiro, fez com que furássemos a onda, não foi? – disse Jiquiri.

— Pois é, amigo... E que bom que todos estamos vivos e inteiros – respondeu Linguinha. Caixa D'Água, Bicho-Preguiça, vocês estão bem, não estão? Alguém está machucado?

— Não – disse laconicamente Caixa D'Água, limpando a terra, que o fazia parecer um "bife à milanesa".

— Nãããããooo... – respondeu Bicho-Preguiça, no meio de uma espreguiçada caprichada.

— Bom! Vamos recolher as provisões que restaram e, pelo visto, felizmente, ainda temos muito do que trouxemos. Depois a gente vai ter que puxar nosso barco mais pra areia, de modo a que a maré alta não o leve e o afunde. Amanhã a gente conserta o nosso guerreiro. Sim, porque ele resistiu bem, né? Ah! E outra coisa importante: vamos armar nossas barracas também, porque já está anoitecendo e tem umas nuvenzinhas estranhas no céu. Parece que vai chover de novo.

— Tá certo, Linguinha. Vamos lá! Mãos à obra, gente! – completou Jiquiri.

Narrador, falando em *off* – *E os "Quatro Embaixadores de Lagoa Linda", assim nomeados pela Assembleia Extraordinária para Assuntos Especiais dos Salbris, dirigida pelo Conselho de Anciãos, que se reunira dez dias antes para autorizar a viagem de Linguinha, Bicho-Preguiça (para certo desgosto de Balduína), Caixa D'Água e Jiquiri, iniciam os preparativos para o restante de sua importante viagem. Eles não poderiam falhar. De seu sucesso poderia depender o futuro de Lagoa Linda. Se bem-sucedidos, o povo da cidade poderia viver mais tranquilo, seguro e, talvez, melhor. Além do povo Salbri, cada um tinha sua preocupação em particular: Linguinha pensava em Balduína e em Campainha; Jiquiri se lembrava de Rosita e o desejo mútuo de ter muitos filhos; Caixa D'água, um solteirão convicto, pensava nas fontes hídricas com as quais trabalhava em Lagoa Linda; e Bicho-Preguiça pensava nos acampamentos na floresta, os quais, inclusive, levá-lo-iam a compor a comitiva do presente.*

— Linguinha, rapaz, vem cá. Acho que a gente poderia montar o acampamento aqui, ao invés de montar as barracas. É seguro, talvez até mais, e dá menos trabalho. Preguiça! Jiquiri! Venham ver! – disse Caixa D'Água, que tinha feito uma pequena caminhada porque achava que teria visto uma caverna o que, efetivamente, acontecera.

Narrador, falando em *off* – *Os três atenderam ao chamado e examinaram, juntos, a caverna achada por Caixa D'Água. Realmente, era um bom abrigo, não muito grande, mas parecia seguro. Os quatro, então, voltaram ao lugar onde tinham ficado empilhadas as* *provisões e, depois de ajeitar o barco, fundeando-o em lugar seguro, levaram os víveres e equipamentos para a caverna, onde passariam a noite que, esperavam, seria tranquila. Seria, mas não foi. Um pouco depois do entardecer, quando até apareceu uma réstia de luz solar, o acampamento já estava montado na caverna, com os víveres e os equipamentos devidamente guardados e o barco ancorado.*

— Jiquiri, que tal esquentar uma sopa pra gente e fazer aquele café que só você sabe fazer? – pediu Linguinha, sentando em uma pedra arredonda que lhe estava próxima e parecia muito convidativa.

— Boa ideia, Linguinha. Uma boa sopa e um café quente e bem forte vão cair muito bem depois desse dia... tempestuoso! – assentiu Bicho-Preguiça, com seu jeito um tanto malemolente de falar.

— Isso, isso! – ratificou Caixa D'Água.

Narrador, falando em *off* – *Jiquiri, de poucas palavras, só olhou para os três como se dissesse: "Vocês são uns folgados mesmo", mas não falou nada, iniciando os preparativos para a sopa e para o café. Ele era um excelente cozinheiro, o melhor de Lagoa Linda, muitos assim o consideravam. Findo o dejejum e decidido que iriam se revezar na vigília, sendo Bicho-Preguiça o primeiro, seguindo por Caixa D'Água, Linguinha e Jiquiri, estes três últimos abriram seus sacos de dormir e caíram nos braços de Morfeu. Bicho-Preguiça, o primeiro do turno de vigília, ao ver que todos dormiam profundamente e estando tudo tranquilo, também aproveitou para dar um pequeno cochilo, embora se mantivesse sentado e, em tese, alerta... Todos acordaram com o estrondo fora da caverna e o primeiro a correr para verificar o que havia acontecido foi Linguinha, o mais novo e mais ágil de todos os expedicionários. O que ele viu o deixou aterrorizado.*

— Gente, vocês precisam ver isso! – sussurrou Linguinha para os demais.

Chegando à boca da caverna, o olhar estupefato é geral.

— Quem são eles? – perguntou Caixa D'Água.

— Ou melhor, o que são eles? – complementou Jiquiri.

— Eles, meus amigos, acreditem ou não, são velhos conhecidos nossos: os antigos inimigos dos Salbris, os gigantes, hoje errantes, das terras do norte – comentou, entre estarrecido e resignado, o mais velho de todos, Bicho-Preguiça, a memória viva de Lagoa Linda.

Os amigos viram os gigantes simplesmente destroçarem a embarcação que os levara até ali e que os conduziria de volta para casa, e irem embora, vociferando coisas incompreensíveis e assustadoras.

— Como assim, Preguiça? Que história é essa? Os gigantes não foram extintos e hoje só restam uns poucos, que vivem, como dizem... um tanto pacificamente, lá na Floresta dos Gigantes? – disse, desesperado, Caixa D'Água.

Jiquiri e Linguinha, que souberam da verdade pouco antes da viagem, mas que não sabiam se Bicho-Preguiça também a conhecia, entreolharam-se.

— Linguinha, esses gigantes aí são uns desgarrados, não são? Eles devem ter saído da Floresta dos Gigantes, e destruíram o que restava do nosso barco só por diversão, não é? Não é? – continuava, agoniado, o pobre Caixa D'Água.

— Preguiça, como você soube do reaparecimento dos gigantes? – perguntou Linguinha.

Caixa D'Água olhou assustado para o organizador da Praça do Troca Tudo.

— Você sabia que eles se desgarraram, Linguinha? – perguntou, um cada vez mais assustado Caixa D'Água.

— Calma, Caixa, o Bicho-Preguiça vai contar como soube, não do desgarramento, mas do reaparecimento dos gigantes, porque era um segredo que Genésio, o mais velho do Conselho dos Anciãos de Lagoa Linda nos pediu para mantermos, inclusive de vocês dois, ao menos no início da viagem. Ele disse que mesmo no Conselho ainda havia quem duvidasse e mesmo não soubesse do fato, e disse que daria ciência a todos, o que já deve ter acontecido. Nós íamos sim, lhes contar, claro, quando chegássemos à primeira parada para onde estamos nos encaminhando, ou melhor, um pouco antes. E faríamos isso desse modo, porque foi o pedido de Genésio. Depois contamos pra vocês o que sabemos e o porquê de estarmos aqui, nesta viagem, que não é apenas uma anódina missão diplomática – falou Jiquiri, mais do que estava habituado a falar de uma única vez, o que até causou espanto nos demais e, de certo modo, deixando Caixa D'Água não apenas confuso, mas preocupado.

— Jiquiri... Então você também sabia dos gigantes? Pelo visto apenas eu não sabia dessas criaturas odiosas? – disse, entre conformado e um tanto decepcionado, Caixa D'Água.

— Caixa, nós fizemos o que Genésio nos pediu para fazer e concordamos com isso para não causar pânico em Lagoa Linda. Mas você está certo, amigo, deveríamos ter contado pra vocês dois também. Acho que deveríamos ter insistido nesse ponto com Genésio. Vamos corrigir essa desconsideração agora, contando tudo pra vocês – disse Linguinha, enquanto Caixa D'Água, sentindo-se acolhido em sua agonia, relaxou um pouco.

— Mas antes, Preguiça, diz aí, como você soube do retorno dos gigantes? Embora, no fundo, nem seja tão espantoso, já que você também é do Conselho – comentou Linguinha.

Com sua fala mansa, lenta, na verdade, Bicho-Preguiça, contou, sem entrar em muitos detalhes, falando genericamente, como soube da tão incômoda verdade.

— Bom, eu sou mais velho e isso me deu mais histórias de vida e experiência para ver o que se passa ao redor. Ah, tem também a questão de que conheço mais gente e, portanto, tenho mais contatos... – disse isso e deu uma risadinha.

— Não enrola, Preguiça. Isso é óbvio, mas como é que você soube? – perguntou Jiquiri, enquanto Linguinha ouvia atentamente e Caixa D'Água, mantinha-se atônito.

— Huuummm... Digamos que eu mantive contato com um Salbri da nossa primeira parada. Quando chegarmos lá, vocês vão conhecê-lo, aí entenderão melhor. Eu tive um encontro involuntário com ele, na Floresta das Lepitotas, durante um retiro que fiz por 30 dias, faz uns cinco anos. É um primo que, descobri, era do povoado do Norte. Por isso me ofereci para vir nesta missão, o que foi prontamente aceito por Genésio, tetraneto do Genésio, nosso salvador, junto ao Janzol ancestral, também. E isso, eu sei, causou o espanto de muita gente, inclusive de Linguinha, da minha amiga (disse isso com uma ponta de sarcasmo) Balduína que, como sabemos, não deposita muita fé, por assim dizer, em mim, não é? Vim para ajudar Lagoa Linda, com minha experiência e com meus contatos. Ao contrário do que alguns acham, não sou tão ruim e preguiçoso assim...

— Sei disso, amigo. Esquece Balduína. Ela é uma boa Salbri, embora um pouco teimosa, às vezes – disse Linguinha.

— O que é que Balduína tem contra nosso amigo Preguiça? perguntou Caixa D'Água que, a despeito de tudo ouvir, estava entendendo cada vez menos coisas.

— Deixa pra lá, Caixa D'Água, eu posso até contar pra você, mas é um lance superado. Só que, neste momento, não é nem secundário, é terciário – respondeu Linguinha.

— Tudo bem, Preguiça, quando chegar lá você apresenta o nosso contato e vamos ver como ele nos poderá ser útil. Agora, deixa eu contar para vocês dois o verdadeiro objetivo da nossa viagem, nesta missão que nos foi confiada pelo Conselho dos Anciãos de Lagoa Linda. Quer começar, Jiquiri?

— Não, Linguinha, fala você.

— Muito bem, então. Vamos lá... Ai, ai... É...

— Desembucha logo, Linguinha! – falou Caixa D'Água, já prevendo o pior, mas, também, um tanto conformado.

— Tá. Primeiro, como vocês viram, os gigantes voltaram mesmo e estão nos procurando de novo.

— Como assim "de novo"? Eles não estavam quase extintos? Era o que eu achava!

— Todos achavam isso, amigo. Há quase 100 anos que tudo o que achávamos que restara deles seriam aqueles poucos sobreviventes da Floresta dos Gigantes. Achávamos que os grandes terremotos e as erupções vulcânicas, que quase acabaram com os animais que eles pescavam e caçavam, haviam reduzido tanto a população dos gigantes que eles já não seriam mais ameaça. Mas através de outra descoberta, constatamos que eles apenas migraram, como nós, para terras distantes, só que nunca se esqueceram da sua origem e, pelo que soubemos, nunca se esqueceram de nós, que eles tinham como fornecedores de coisas básicas para a vida deles e a quem eles adoravam odiar. Agora, parte das novas gerações de gigantes, que tiveram problemas similares no lugar para onde migraram, além-mar, já que aprenderam a nadar, a construir barcos e a velejar, desejosos em resgatar o que acham ser seus velhos direitos e privilégios, está querendo regressar para as terras dos antepassados e reclamar o que consideram seu, ou seja, as terras, a floresta, o mar, o istmo, a lagoa, nós...

— Peraí, Linguinha... Nós? E que outra descoberta é essa? – indagou Caixa D'Água.

— É, Caixa, "nós", os Salbris, que os gigantes achavam (e acham) que eram (que são) seus escravos, que eles humilhavam e que lhes davam boa parte da comida e dos instrumentos diários com que viviam. Eles querem nos achar, achar Lagoa Linda, e nos dominar de novo. Além disso, muitos ainda não sabem, mas estamos com uns probleminhas relativos às nossas reservas de água potável e precisamos achar mais e melhores fontes hídricas, tanto para nossa agricultura quanto para nosso consumo e de nossos rebanhos. Bom, quanto à nova descoberta...

— Só uma coisa... – disse Caixa D'Água. – O problema com a água eu sabia, é óbvio. Aliás, fui eu quem avisou o Conselho sobre a eventual futura escassez.

— Já desconfiávamos, disso – disse Jiquiri.

— Deixa que eu conto essa parte, Linguinha. Vou resumir, senão a história não vai ter fim. Cara, você fala muuuiiitttooo! – disse Jiquiri, dando uma pequena risada, no que foi seguido por Caixa D'Água e Bicho-Preguiça, que ouviam atentamente a narrativa.

— Eu? Só falo o suficiente para que tudo fique muito bem explicado – falou Linguinha, também às gargalhadas. Bom, vai lá, meu velho, conta você, então.

— É rápido e é a parte boa da novidade. Nós também descobrimos outro núcleo de povoamento de Salbris – atestou Jiquiri. Nesse momento, Bicho-Preguiça entrou na conversa.

— Pois é, Linguinha, Jiquiri e Caixa D'Água, e é desse núcleo o meu contato. É aquele meu primo, do povoado do Norte. Lembram? Então, aqui vai uma rápida explicação para vocês entenderem como eu o reencontrei... Eu estava um tanto amuado com as discriminações que sofria em Lagoa Linda e resolvi, nessa época, me isolar um pouco. Bom, estava eu tentando subir em um Jequitibá, que é, como sabem, a maior, mais frondosa e, pra mim, mais bela árvore destas terras, e quando estava praticamente no topo, que devia ter... sei lá... uns 50 metros de altura... (e vocês devem imaginar quanto tempo eu, neste meu ritmo, levei para chegar lá), quase caí porque, ao tentar segurar em um galho, peguei, na verdade, no corpo de uma sucuri gigante. Pensei: "E agora? Morro caindo de quase 50 metros de altura, já que vou ter que largar a cobra, ou morro porque, não o fazendo, serei por ela engolido?". Estava eu no meu dilema quando chegou...

— Hein, chegou "lá em cima"? – perguntou Jiquiri.

— É, chegou, porque ele também havia subido no Jequitibá e, coincidência ou não, também tinha decidido fugir um pouco do povoado no Norte e fazer uma exploração por terras distantes. Deve ser genético (e riu) – esclareceu Bicho-Preguiça.

— Bom, continuando... – emendou Preguiça – Chegou alguém, matando a cobra (que depois foi cozida e devidamente ingerida), e era um Salbri. Ora, é claro que nos olhamos curiosos, porque eu nunca o tinha visto em Lagoa Linda (afinal, não saímos muito de nossas fronteiras, não é isso? Por medo!) e ele fez a mesmo cara, como quem diz: "De onde eu conheço esse sujeito?". Lembro que fui o primeiro a falar e foi para perguntar pra ele de onde eu o conhecia, ao que ele respondeu que não nos conhecíamos. Enquanto descíamos do Jequitibá, fiquei tentando entender quem era a figura e, creio, ele fez o mesmo. Cozinhamos a cobra e durante o farto dejejum reptiliano, conversando, descobrimos ser parentes, separados pela fuga ocorrida depois do primeiro megaterremoto, que destruiu o istmo e fez a ilha onde a maior parte de nosso povo mora hoje em dia, e que acabou nos tirando das cavernas e nos levando a viver em Lagoa Linda. Descobri, assim, que ao menos um dos grupos da fuga, um dos quatro, além do nosso, havia sobrevivido e conseguido fundar outro núcleo de povoação Salbri, ao Norte do ponto de encontro, lembrando que nós somos descendentes do grupo que fugiu para o Sul. Ainda não temos notícias do pessoal do Leste e esta é nossa outra tarefa, dada pelo Conselho: descobrir se eles sobreviveram. Juntos, seremos mais fortes. Quem sabe, até possamos voltar a unir o povo Salbri! Chama-se, pois, esse núcleo do Norte, Fênix, em homenagem àquela ave mitológica de um povo humano, de um lugar chamado Grécia, que renasce das cinzas. Ele fica a mais uns sete dias de caminhada, depois da Floresta das Flores Coloridas, que, lembrando, fica a três dias da Floresta das Lepitotas, que, por sua vez, fica a quinze ou vinte dias de caminhada da nossa aldeia, e ainda tem que passar por outro morro. Quanto à Nova Salbri, é o terceiro povoado...

— Opa, opa, opa! Nova Salbri? Terceiro povoado? – disseram, quase em uníssono, Linguinha, Jiquiri e Caixa D'Água.

— Gente, lembrem-se de que nosso povo se dividiu em quatro grupos pra fugir dos gigantes e se dirigiram para os Pontos Cardeais, marcando encontro na interseção dos eixos, tanto que nossas avenidas são assim por conta desse fato histórico nosso...

— Tudo bem, Preguiça, mas agora você vem com um terceiro povoado que ninguém aqui sabia! Fico me perguntando o que mais não nos foi dito e o porquê disso. E o que mais você sabe e que não está dizendo ou, mesmo, que não nos vai dizer – falou, assertivo, Linguinha, com a concordância de Jiquiri e Caixa D'Água.

— Garanto que estou contando tudo o que sei e que, se não disse antes, foi a pedido de Genésio e de outros seis membros do Conselho, que seguem, incontestavelmente, a liderança de Genésio, o que não é o meu caso, como bem sabem. Bom, continuando, um dos quatro grupos que fugiram depois dos terremotos e do último ataque dos gigantes está situado a Oeste do ponto de encontro. Sete, dos onze conselheiros de Lagoa Linda conheciam, há mais de seis anos, o povoado Fênix e o Nova Salbri, mas, por segurança e, especialmente, poder, creio, mantiveram segredo. Dos outros quatro conselheiros, incluindo eu mesmo, ninguém sabia desses dois povoados. Apenas os sete, sob a liderança de Genésio, sabiam. Eu só fiquei sabendo de Fênix pelo encontro com meu primo e não porque fui comunicado pelos demais membros do Conselho de Anciãos. E só fiquei sabendo de Nova Salbri na noite anterior a nossa partida, pelo Zé Carpinteiro, que me confidenciou ter ouvido uma conversa "dos sete", que é como eu e outros três conselheiros chamamos esse grupo interno comandado por Genésio e Janzol, meio sem querer (e não sei, sinceramente, se foi mesmo sem querer ou se é assim que Genésio desejava que parecesse), enquanto fazia um serviço na sala de reuniões do Conselho. E tudo o que sei é que o pessoal de Fênix já foi contatado. Não sei nada sobre Nova Salbri, que é o povoado que fica a Oeste do ponto central, e histórico, de encontro.

— E quem fala muito sou eu! – disse Linguinha, ironicamente.

— Eu não estou falando muito, Linguinha, estou me antecipando a algumas perguntas que vocês, certamente, iriam me fazer, e tentando juntar a minha história com a de vocês, pra termos a narrativa mais próxima possível da verdade e que nos ajude a conquistar nossos objetivos – atestou Bicho-Preguiça.

— Ô, Preguiça, deixa disso, cara. Estou apenas brincando com você. Não precisa dessa formalidade toda – retrucou Linguinha.

— Eu sei, meu velho, eu sei. Mas é que fico meio cabreiro, depois de toda desconfiança pela qual passo em Lagoa Linda – explicou Bicho-Preguiça.

— Alguém sabe se o pessoal que migrou para o leste do nosso ponto histórico de encontro sobreviveu? – perguntou Caixa D'água.

— Sei de nada – disse Linguinha, com a concordância gestual dos companheiros de viagem.

Narrador, falando em *off* – *Caixa D'Água ainda ouvia a tudo, um tanto atônito, tentando entender o que estava acontecendo e qual o seu papel completo nessa história toda; e Jiquiri, com seu jeito tranquilo, apenas calava e ouvia, enquanto tentava, com um canivete, objeto do gosto dos Salbris, modelar, numa pedra-sabão que achara na caverna, um barco parecido com a embarcação "Janzol Genésio", que os levara até ali. Preguiça retomou sua explicação.*

— Bom, eu ia dizendo que, depois de três dias, passando pelo Morro das Lepitotas, mais sete até a Floresta das Flores Coloridas e, por fim, mais quinze ou vinte dias de viagem, ao Norte, uma vez atravessado o outro morro, o dos Gigantes Extintos (ou nem tanto, né?), chegamos à Fênix, a segunda cidade Salbri. Lá, como disse antes, mora meu primo, Bob Leiteiro, porque ele cria bois e vacas. Não paramos de nos comunicar desde o nosso encontro, que narrei anteriormente. Também não paramos de nos encontrar. A cada seis meses passamos uma semana juntos, na Floresta das Flores Coloridas, acampando. Só que decidimos manter isso em segredo. Quer dizer, em segredo, de nossos concidadãos, mas não de nossos respectivos Conselhos... O barco que vocês acharam, que serviu de modelo para o nosso, era de um ancestral desse meu primo do Norte.

— Peraí... – disse Jiquiri, intervindo pela primeira vez. – Então o nosso Conselho de Anciãos sabe da existência do outro núcleo, da Fênix, há cinco anos?

— Sim, Jiquiri, Linguinha e Caixa D'Água. Vocês têm acesso fácil ao Conselho, mas eu sou do Conselho. E tampouco são os únicos a ter segredos – confirmou Bicho-Preguiça.

— Ah, dá um tempo, Preguiça! Quem, pelo visto, mantém segredo com o Conselho, e há 5 anos, é você e não nós. O que nós descobrimos, não por acaso, fizemos porque tivemos uma missão do Conselho... Opa! Agora as coisas começam a fazer sentido, Jiquiri. O Conselho de Anciãos já sabia da existência da Fênix, aí nos deu esta missão diplomática. Preguiça, você se ofereceu ou o Conselho mandou que viesse conosco?

— Bom, em primeiro lugar, já há algum tempo me pergunto se não deveria ter informado a todos em Lagoa Linda a existência de Fênix e não apenas ao Conselho. Acho que sim, foi um erro meu e vou pedir desculpas aos lagoalindenses quando voltar. A sua pergunta é boa, Linguinha. O Conselho me mandou vir com o grupo e, quando chegássemos em Fênix, eu e meu primo conservaríamos com vocês e contaríamos o que, agora, estou a contar sozinho. A questão é que o Conselho achou melhor que vocês não soubessem em Lagoa Linda, para nem terem a tentação de contar nada pra ninguém, nem sobre o retorno dos gigantes, nem sobre as fontes d'água, nem sobre a Fênix e a Nova Salbri. Nosso povo só deveria saber de um e outro fato depois de termos alinhavado a missão e obtido êxito – disse Bicho-Preguiça.

— Olha, entendo a precaução do Conselho, mas, sinceramente, sinto-me chateado com essa falta de confiança em nós, Jiquiri – disse Linguinha. – Sabe, também acho que as pessoas são mais preparadas para a verdade se ela for dita de modo claro e tranquilo, do que nossos líderes acham (ou querem achar, por cretinice política). Esse descrédito também me chateia. De todo modo, agora, o mais importante, é que completemos nossa missão.

— Com certeza! – respondeu Jiquiri.

— Isso aí! – confirmou Bicho-Preguiça.

— Ei! E eu? Estou começando a entender um pouco mais do que está se passando, mas, afinal, o que é que nós vamos fazer em Fênix? Por que fomos pra lá de barco e não por terra? E o que é eu estou fazendo aqui, digo, por que fui designado para acompanhar vocês, além da questão das fontes d'água? – Adentrou a conversa, finalmente, um ainda um tanto atordoado Caixa D'Água, mas também para disfarçar o seu segredo.

Os demais companheiros, então, lembraram-se de que havia um quarto membro da comitiva diplomática. Linguinha foi quem tomou a palavra.

— Bom, senhor Caixa D'Água, o que você está fazendo aqui, por que foi designado pra esta missão diplomática, talvez Preguiça, que é do Conselho e conhece ao menos parte de seus desígnios, possa responder. Quanto às suas outras duas dúvidas, sinto-me tranquilo para falar sobre elas. Fomos de barco porque seria uma viagem mais rápida e mais segura; ao menos, teríamos pouca chance de encontrar com os gigantes que estão por aí, a nos procurar. E olha que, por enquanto, ao que sabemos, são apenas espécies de batedores, porque os gigantes, mesmo, ainda estão longe daqui. Só que não tínhamos certeza de que eles também tinham aprendido a navegar. De todo modo, agora que aqueles três batedores destruíram nossa embarcação, não vai dar tempo de construir outra e teremos que ir por terra mesmo. E teremos que ter muito mais cuidado porque, a não ser que eles achem que se trata de um barco velho ou da raça humana, que é mais parecida com eles do que nós, ao menos na altura, nos hábitos e na ambição (não necessariamente na aparência, aí somos nós os parecidos), eles já detectaram a nossa viagem e vão nos procurar como loucos. Ainda bem, Caixa D'Água, que você achou essa caverna e viemos pra cá, senão, se estivéssemos acampados lá embaixo, estaríamos todos mortos.

— Não tinha me tocado disso, Linguinha – disse Jiquiri.

— Então, sejamos furtivos. Quanto à sua segunda dúvida, sobre qual é a nossa missão. Bem, acho que já está mais ou menos claro, mas o Conselho nos designou a missão diplomática de irmos até Fênix para: 1 – consolidar o contato com eles, com essa outra parte dos Salbris, porque, afinal, somos um povo só; contato este ainda não iniciado, oficialmente, pelo Conselho, apenas, ao que tudo indica, por nosso amigo Bicho-Preguiça; 2 – confirmar se eles são, realmente, amistosos e se estão dispostos, mesmo, a esse contato; 3 – saber se eles têm conhecimento de outros núcleos habitacionais de Salbris e, se souberem, tentar construir uma missão diplomática conjunta para contatá-los, se é que eles já não têm esse contato; 4 – promover um intercâmbio permanente, científico, político e comercial entre nós, com o objetivo de união futura do povo Salbri; 5 – tentar estabelecer uma parceria pela sobrevivência, tanto para combater os gigantes quanto para melhorar as condições de existência do nosso povo; e 6 – averiguar novas fontes d'água. Você sabia, por exemplo, que embora sejamos muito bons em pesca e coleta, estamos em certa encruzilhada agrícola? Quero dizer, seria bom se conseguíssemos plantar e colher mais quantidade e com mais preservação, além do problema com as fontes d'água.

— Uau, só isso? – perguntou, mais relaxado e rindo, Caixa D'Água.

— Só isso! – respondeu Linguinha, também rindo.

— Fácil, não? – complementou Jiquiri.

— Bom, mas e eu, Preguiça? Você sabe me dizer por que eu, logo eu, estou aqui, com vocês?

— Caixa D'Água, meu amigo... – Preguiça respirou fundo e fechou o raciocínio. – Você está aqui porque nós estamos aqui, nesta caverna, e porque nós três somos quem somos.

— Hum? – balbuciou Caixa D'Água. Como assim?

— Explico. O Conselho, que é, como você sabe, composto por nossos Salbris mais experientes, vê em todos aqui qualidades que se completam e que podem, juntas, formar um grupo com mais chance de êxito do que outro qualquer em Lagoa Linda. Não vou falar de mim, além da minha idade, experiência e conhecimento de vida. Jiquiri é valente, forte e obstinado. Linguinha tem uma grande capacidade de liderança e negociação, além de conhecer muito bem a nossa comunidade. Sobre você, Caixa D'Água, o Conselho vê três qualidades que consideram essenciais. A primeira é que você é um sujeito observador, tanto que descobriu esta caverna quando nenhum de nós fez isso, e o fez ao observar o ambiente. A segunda é que você é um Salbri gentil e educado, o que é essencial em qualquer negociação diplomática. A terceira é que você é nosso entendido em água, seu uso e armazenamento. Captou o seu importante papel em nossa missão?

— Entendi. Legal – disse Caixa D'Água, feliz e lisonjeado, embora surpreso com a impressão que o Conselho tinha dele, logo o Conselho, que ele admirava, mas que achava que nunca iria olhar para um Salbri comum como ele.

— Bom, nós ficamos impressionados com os gigantes destruindo nosso barco, começamos a conversar e nem nos preocupamos em verificar se os gigantes ainda estão aí fora, se estavam se dirigindo pra cá... – atestou Jiquiri.

— Verdade, amigo. Fomos imprudentes. Façamos o seguinte: vou ali fora, sondar a área, pra ver se ainda estão por aqui ou se já foram embora – afirmou Linguinha.

Narrador falando em *off* – *Ao voltar, Linguinha disse para os Salbris que estava tudo certo. Os gigantes já tinham ido embora, em direção ao Oeste, o que era bom para o grupo, que deveria ir para o Norte, por terra, até chegar a Fênix.*

— Gente, façamos o seguinte... Ainda temos umas seis horas para o amanhecer, mas eu estou muito agitado para dormir. Faço o primeiro turno e vocês dormem. Quem me rende? – perguntou Linguinha.

— Eu rendo – disse Jiquiri.

— Depois sou eu – falou Caixa D'Água.

— Então eu fecho a vigília – complementou Preguiça.

Narrador, falando em *off* – *O resto da noite para os Salbris foi, felizmente, tranquila, o que foi bom para acumular forças para as provações pelas quais passariam e para fazer o que teriam que fazer.*

ATO III – QUEM É VIVO SEMPRE APARECE!

Narrador falando em *off*, enquanto as cortinas são abertas
– O dia amanheceu ensolarado, lindo. Nossos embaixadores tomam um lauto e nutritivo café da manhã; arrumam os víveres e instrumentos nas mochilas e o restante, em um carrinho, uma espécie de pequeno trenó, que levaram para a viagem com o objetivo de transportar a maior parte do que tinham levado (e salvado do naufrágio), como algumas oferendas ao povo Salbri de Fênix e de Nova Salbri, em sinal de amizade. Findo o dejejum matinal, iniciaram seu longo e perigoso caminho até o outro núcleo habitacional Salbri. Apesar de amigos, a viagem estava tão incerta e podia afetar tanto Lagoa Linda, para bem e para mal, que as informações estavam sendo guardadas por quem as tinha, na esperança de que os piores prognósticos não se confirmassem. Até Caixa D'Água, que parecia um neófito no meio dos outros três embaixadores de Lagoa Linda, tinha o seu segredinho para a viagem, um segredinho que, outra vez, era da ciência do Conselho de Anciãos, mas que não foi dito para mais ninguém, nem para os demais membros da comitiva. Aparentemente, o Conselho não era tão transparente quanto os Salbris lagoalindenses achavam; menos, especialmente, do que Linguinha imaginava. Bicho-Preguiça e Jiquiri, nesse sentido, eram mais pragmáticos e mantinham certa reserva em relação aos proclames e ações de seu Conselho; exceções que eram, dentre os lagoalindenses, que demonstravam admiração por seus conselheiros. Genésio e Janzol, por exemplo, eram tidos como mitos.

— Jiquiri, o que é que o Caixa D'Água tá fazendo aqui? Digo, não que achasse que ele não deveria ter vindo conosco ou que me incomode com sua presença. Ele é legal, mas é tão distante do dia a dia da vida social, da organização da Praça do Troca Tudo... Às vezes, acho que ele só se importa com as festas... Então, fico me perguntando o porquê do Conselho tê-lo designado pra vir também, a despeito de concordar com as três qualidades dele que o Preguiça enumerou. Sabe, ele é, também, meio... distraído, beirando a imprudência, não é? Isso não o intriga? – disse Linguinha.

— Um pouco, mas você sabe que não ponho, no Conselho, a mesma crença que você. Dos 11 conselheiros, ponho minha mão no fogo por dois; dois não ponho, mas dou um crédito de confiança. Não obstante, você bem sabe que os sete outros, ali, não me convencem. Então, não me espantaria se houvesse mais algum mistério, por exemplo, ligando Caixa D'Água ao Conselho, algo mais que não sabemos e que ele não abriu ainda, se é que vai abrir, tanto quanto não sabíamos da ligação do Preguiça com o primo de Fênix, e olha que nele eu confio – respondeu Jiquiri.

— Sabe, amigo, ainda acredito no Conselho, mas, neste momento, não tenho como lhe contestar. Não mesmo. Vamos ver o que o futuro nos reserva. Por agora, vamos nos concentrar na nossa missão que, a despeito de um ou outro segredo, é o que importa, certo?

— Aí fechamos, Linguinha.

— Preguiça, avança esse passo aí, rapaz, senão vamos levar o dobro do tempo que precisamos! – gritou Linguinha.

Preguiça fez uns grunhidos indecifráveis e, de todo modo, baixinho, e apertou o passo. Caixa D'Água seguia calado, ainda absorvendo o impacto das notícias da noite anterior, mas também ruminando o seu segredinho e, agora, com mais calma, finalmente ligando-o às informações que havia recebido e pensando qual seria o melhor momento para contá-lo aos demais membros da comitiva.

Nesse momento, aparece Caixa D'Água andando, com ar pensativo. Pelo alto-falante, na voz do ator que interpreta o personagem Caixa D'Água, é ouvido em *off* – *Caramba! E agora? Aceitei vir pra vigiar os três por pura vaidade; aceitei ser espião, contra Salbris, por ingenuidade. Além disso, o Conselho não é confiável mesmo para que eu faça isso com meus amigos. Mas como vou contar isso pra eles? É tudo muito estranho. Que Conselho é esse? Será que eles nos guiam com a sabedoria e com a justiça que achávamos? Por que os conselheiros que me incentivaram a espionar o grupo nada me disseram sobre a existência de Fênix? Será que sete membros do Conselho de Anciãos andam conspirando por vaidade e poder e, nessa conspiração, ficaria parecendo que os outros quatro é que o estariam fazendo? Será que o mesmo pedido foi feito aos demais, ou seja, para que todos espionem todos?*

Depois do pensamento de Caixa D'Água, o narrador, falando em *off*, diz o texto a seguir – *A comitiva estava seguindo seu caminho, na direção Norte da Pedra da Itapuca, o grande penhasco de onde se tinha uma linda visão do atol próximo à Lagoa Linda, após terem contornado o Cabo dos Golfinhos, esses lindos e inteligentes animais, que os seguiram até a hora da tempestade e que, como viram, ajudaram-nos, inclusive, a chegar à praia onde amanheceram e, em alguma medida, salvando-os de morrerem afogados. Contudo, a viagem, que iniciara um tanto secreta, mas que começara, de todo modo, alegre e esperançosa, virou um poço de dúvidas exponenciais, e mais nenhum dos quatro amigos tinha certeza de coisa alguma sobre o que estava fazendo ali. Esse mal-estar estava latente, mas ninguém dizia nada. Os quatro andaram por algumas horas, mesmo dias, no mais completo silêncio, só rompido por um estrondo, que os despertou.*

— O que foi isso?

Narrador, falando em *off* – *Perguntou, assustado, Caixa D'Água, meio que saindo de seu transe silencioso, momento em que estava perscrutando em seu íntimo, em profundo diálogo com seu cachimbo, sobre as verdadeiras intenções do Conselho dos Anciãos de Lagoa Linda, ou, ao menos, sobre a parte que lhe deu a missão de "X9" da qual, agora, ele se arrependia. Como falar para os amigos?*

— Veio da praia! – afirmou peremptoriamente Jiquiri, já que andavam no meio da mata litorânea.

— Verdade. Mas o que será? – perguntou, Linguinha.

— Devem ser os gigantes – respondeu, laconicamente, Bicho-Preguiça.

— Será que eles estão nos seguindo?

— Não, Caixa, acho que não. Se estivessem, já teriam capturado a gente. Pode ser alguma outra coisa. Mas seja lá o que for, é bom que saibamos. Vamos fazer o seguinte: dois de nós ficam aqui, preparando o almoço, e os outros dois vão tentar verificar o que aconteceu. Não podemos ser apanhados de surpresa. Eu me proponho a ir ver o que houve. Então, quem fica e quem vai comigo, se não houver objeção a que eu vá.

— Eu vou com você, Linguinha – disse Caixa D'Água.

— Bom, se vocês não se opuserem (disse, olhando para Jiquiri e Bicho-Preguiça), podem começar a preparar o almoço.

— Já estou pegando a comida – disse Bicho-Preguiça.

— As panelas estão aqui. Boa sorte – complementou Jiquiri. E voltem logo.

— Certo. Vamos Caixa. Vamos ver o tamanho da encrenca – disse Linguinha, dando uma risadinha depois dessa pequena piada (que era, inclusive, uma característica sua: fazer piadinha quase o tempo todo).

Ao chegarem à praia, o temor dos dois não só se confirmou como se potencializou.

— Linguinha, está vendo o mesmo que eu?

— Caixa... São os gigantes, não há dúvida. E acho que são os mesmos três que destruíram nosso barco lá na praia Mas ali estão, também, três homens. Eles estão conversando e gesticulando muito. O que será que estão conversando?

— Linguinha, acho que eles estão negociando. Tá vendo aquelas caixas ali? Parecem explosivos, que foram testados para o negócio entre eles. Daí a explosão que ouvimos.

— Huummm...

— Cara, é o seguinte... Os homens, não digo todos, claro, porque aqueles que moram na aldeia que fica na saída sul do Morro das Lepitotas são boas pessoas, e não acredito que iriam se aliar aos gigantes, mesmo que apenas para fazer comércio, ou seja, trocar mercadorias por ouro e prata, esse negócio que atiça a ganância de quem só quer se dar bem. Devem ser aqueles homens, de terras distantes, do Norte, porque, inclusive, é possível que eles tenham tido contato com os gigantes que para lá tenham migrado, depois dos dois grandes terremotos – disse Caixa D'Água.

— Caixa, pra quem estava atônito até bem pouco tempo, você está bem desenvolto nas explicações.

— Linguinha, estava atônito com as descobertas de coisas que vocês sabiam e eu não. Estava atônito com a história dos outros dois povoados Salbri e com o problema nas nossas fontes de recursos hídricos, mas conheço outras coisas e, agora, mais calmo, acho que posso ser efetivamente útil à missão.

— Isso é bom, Caixa, porque vamos precisar que cada um de nós esteja em sua plena forma mental, emocional e, pelo visto, física, já que, talvez, tenhamos que fugir dos gigantes ou até lutar, eventualmente, com eles.

— É, eu temia por isso, Linguinha. Mas você está certo. Vamos voltar pra contar o que vimos pro Preguiça e pro Jiquiri.

Ao retornarem, os dois constataram que Preguiça e Jiquiri não estavam no acampamento, embora as coisas dos quatro viajantes estivessem intactas.

— Linguinha, os dois sumiram. Será que foram ver alguma outra coisa que tenha acontecido na nossa ausência ou... Ai, meu Deus... Será que os gigantes os acharam?

— Não sei, Caixa. Me deixa pensar um pouco.

— Tá, mas que bom que você teve a ideia de esconder as nossas coisas naquelas árvores ali adiante. Assim, se os gigantes os pegaram, ao menos os equipamentos e o víveres terão sido preservados. Agora, mais importante, de todo modo, é acha-los.

Caixa D'Água se senta num tronco e Linguinha permanece andando de um lado para o outro, pensando, pensando...

— Caixa, olha só, não há rastros de gigantes, então acho que eles não foram achados ou apanhados. Os gigantes podem até ter se aproximado, mas Preguiça e Jiquiri fugiram antes de eles chegarem aqui. Se bem que não consigo imaginar como seria uma fuga do Bicho-Preguiça — diz isso e, apesar da situação, dá uma risadinha com a própria ironia e um tanto aliviado pela conclusão.

— Verdade. Só se o Jiquiri carregou o Preguiça — completa Caixa D'Água, também dando uma risadinha. — Mas Linguinha, se os gigantes não os pegaram, então cadê as pegadas deles? E cadê os dois?

— Não sei, Caixa. Isso é um mistério. E olha só, o almoço foi feito, mas não foi sequer tocado. Sugiro que comamos um pouco para repor as energias (podemos precisar delas; sabe-se lá!) e, enquanto isso, se eles apenas fugiram para não serem localizados, aguardamos por eles aqui. Se, ao acabarmos, os dois não voltarem, vamos rastrear o perímetro para ver se os achamos. Tudo bem?

— Concordo, Linguinha. Vamos comer.

No palco, por alguns instantes, Linguinha e Caixa D'Água aparecem almoçando, com tranquilidade, enquanto se ouve, ao fundo, uma música relaxante.

— Sabe, Linguinha, eles não voltaram, mas alguma coisa me diz que estão bem. Você, por acaso, olhou para aquelas árvores que estão na frente das que escondemos nossas coisas?

— Não, por quê?

— Cara, olha bem. Não parece que o ar está meio... sei lá... distorcido...

— Huuummmm... Verdade, Caixa! O que será isso?

— Vamos ver?

— Peraí, Caixa. Será que não foi isso o que aconteceu com Preguiça e Linguinha? Digo, será que eles não foram ver o que é aquilo e aí sumiram?

— Ih, rapaz, cê tá paranoico, agora?

— Não sei. Diga você, então, o que houve.

— Vamos ver ou não?

— Tá, vamos guardar as coisas e vamos lá ver.

Linguinha e Caixa D'Água vão se aproximando do ar distorcido, e à medida que chegam mais perto, vai parecendo cada vez mais distorcido. A uns 2 metros da distorção, Linguinha segura no ombro de Caixa D'Água, parando-o.

— Caixa, para! Tive uma ideia meio maluca agora. Deixa eu fazer um teste antes de chegarmos mais perto.

— Que ideia, Linguinha? Que teste?

— Tá vendo esse galho de árvore? Vou jogar no ar distorcido pra ver o que acontece.

Linguinha joga o galho, que simplesmente atravessa o ar distorcido e... some no espaço, para o espanto dos dois.

— Linguinha, o que é que você fez? Cadê o galho? Tô atônito de novo! – disse Caixa D'Água.

— Caixa, eu já tinha ouvido falar desse negócio. Chama-se "Vórtice Espaço-Temporal". É um treco que meu pai, que adora Astronomia, me explicou há tempos, depois de uma longa conversa com o doido do

Cosmos. Mas sabe como é, ele sempre foi meio maluquinho também... Deixa eu te explicar. Vórtice é uma forma de escoamento em espiral, ou seja, giratório, em torno de um centro de rotação. Normalmente, você pode encontrar um vórtice na água, que todo mundo chama de redemoinho, ou no ar, que só é visto se houver uma nuvem ou fumaça que passe por ele. Um furacão, por exemplo, gera um ou mais desses fenômenos. De todo modo, onde quer que sejam vistos esses vórtices, ocorrem por uma diferença de pressão entre duas localidades vizinhas. Os nossos astrônomos têm outra ideia maluca. Aliás, só existe ideia maluca em Astronomia, né não? – disse Linguinha, e riu.

— Verdade, Linguinha. Mas continua a explicar que está muito interessante.

— Bom, essa outra ideia é o que chamam de "Buraco de Minhoca". É, teoricamente, simples. Seria uma espécie de portal através do espaço-tempo, que poderia criar atalhos para viagens muito longas pelo espaço. Mas nós nem sabemos como voar pertinho do chão, quanto mais pelo espaço, perto do Sol, pelo ar, sei lá. Enfim... Assim, diz a teoria que o Cosmos, o nosso físico e astrônomo oficial, aprendeu com os homens, que se você entrar em um lado do Buraco de Minhoca, pode sair em outro muito, mas muito distante. Seria como se o espaço fosse uma folha de papel na qual, se você marcar um ponto em cada extremidade, leva um tempo "x" para ir de um ponto ao outro, mas se dobrar a folha assim (e mostra num folha de árvore), leva muito menos tempo para ir de um ponto ao outro; com o espaço "dobrado", como acabei de mostrar, vai-se muito mais rápido. Mas isso valia, até onde tinha conhecimento, para as coisas no Universo e não na Terra.

— Linguinha, isso é impossível!

— Tá, até há pouco eu também achava. Mas, então, me dá uma explicação melhor para o galho que joguei no ar distorcido ter desaparecido na nossa frente.

— Sei lá. O gênio aqui é você!

De repente, o galho atirado no vórtice retornou, passando entre Linguinha e Caixa D'Água, que se entreolham espantadíssimos.

— Você viu isso?

— Vi, Caixa. É o galho que eu arremessei e que sumiu no vórtice, não é?

Neste momento, Linguinha e Caixa D'Água ficam mudos, olhando para o portal. As cortinas se fecham lentamente.

ATO IV – O FÍSICO, A FÍSICA E A NATUREZA

— Oiiiii! Poxa, jogar um galho na gente é brincadeira, hein?! – disse Jiquiri, aparecendo do nada, ou melhor, saindo do suposto Buraco de Minhoca, junto a Preguiça.

— Jiquiri... Preguiça... Vocês... De onde vocês vieram? – perguntou, com os olhos esbugalhados, Caixa D'Água.

— Ou será que deveria perguntar: de quando vocês vieram? – mudou um pouco o enfoque da pergunta, Linguinha.

— Os dois estão certos, pelo que entendo – disse Preguiça. Eu achava que o Cosmos era, realmente, maluco, mas agora vejo que o sujeito é um gênio! Gente, eu e Jiquiri ouvimos um pequeno estrondo nesta direção e pensamos que fosse ou vocês, pregando uma peça na gente, ou os gigantes. Na dúvida, nos escondemos e ninguém apareceu, mas vimos o ar meio distorcido por aqui e viemos investigar. Quando chegamos muito perto, fomos sugados para dentro do vórtice que, agora, percebo, é um pequeno, um micro, Buraco de Minhoca aqui, no nosso planeta. Nem me perguntem como isso é possível, nem como aconteceu, muito menos até quando ele vai ficar por aqui, mas o fato é que ele existe! E sabem o que aconteceu?

Neste momento, Jiquiri intervém.

— Deixa que eu conto, senão não saímos daqui hoje. Nós mal percebemos que tínhamos sido sugados pelo portal, salvo um pequeno puxão no início do processo. O fato é que, quando nos demos conta, estávamos ao lado da casa onde funciona o nosso Conselho de Anciãos! Entramos bem no meio de uma reunião deles que, é claro, nos olharam espantadíssimos. Dissemos o que aconteceu e Genésio – sempre ele! – disse que nós tínhamos que voltar logo para ajudar vocês, porque os gigantes não podem achar esse portal, e nos ensinou um jeito de escondê-lo deles. Dos outros nove membros do Conselho, já que Preguiça estava comigo, Genésio e seus seis discípulos, que vocês sabem quem são, não se espantaram muito: apenas os outros continuaram estarrecidos. Antes de nos ensinar como disfarçar o portal, Genésio disse que explicaria tudo pra eles depois. Esses segredos, pelo visto, já são um hábito desses sete conselheiros. Depois temos que conversar sobre isso. Mas, agora, vamos esconder o Buraco de Minhoca (sim, eles me explicaram, rapidamente, o que era – disse Jiquiri, ao ver a cara de espanto de Linguinha). Ah! Voltamos, claro, por um portal que está aberto em Lagoa Linda.

— Poxa, eu gostaria de viajar no espaço-tempo, também – disse Caixa D'Água.

— Você terá sua chance, garanto. Todos nós teremos. Mas, agora, vamos disfarçar o nosso portal, senão, se os gigantes o descobrem, podem chegar em Lagoa Linda, não é?

— Verdade – assentiu Linguinha.

— É... Eu não tinha pensado nisso – completou, resignado, Caixa D'Água. Como fazemos, então?

— Bom, se Genésio estiver certo... – começou a explicar Preguiça. – Aliás, se o Cosmos estiver certo, porque é dele a engenhosidade, como um vórtice é uma confluência de fluidos, líquidos ou aéreos, em espiral, motivado por diferenças de pressão entre duas áreas, então, o que temos que fazer é criar um deslocamento vertical ou perpendicular, que fará com que a área afetada pela espiralação fique em repouso.

— Não seria criar um contrafluxo, em sentido contrário ao da espiral? – perguntou Linguinha, que também adora Astronomia.

— Primeiro isso é quase impossível de ser conseguido, a não ser por efeito natural. Segundo, Linguinha, se isso for feito, o Buraco de Minhoca, em tese, pode se desfazer, porque as forças centrífuga (para fora da espiral, para fora do movimento circular) e centrípeta (para dentro da espiral, para o centro do movimento circular) poderiam anular-se mutuamente ou, então, pior, o portal poderia entrar em colapso e aí ninguém sabe o que pode acontecer. Cosmos nos explicou isso. Fazendo o movimento na vertical ou perpendicular, apenas arrefecemos a força do movimento, de modo aparente, sem o anularmos – explicou Preguiça.

— Nossa, Preguiça, você também é físico? – perguntou Caixa D'Água.

— Caixa, eu sou meio lento e até injustiçado, mas pela idade e interesses múltiplos (além de um tanto de inteligência – e riu), acho que posso dizer que sei uma quantidade bastante razoável de coisas – respondeu Preguiça, entre uma risada e outra. Por outro lado, sou um

Astrônomo frustrado: não me aprofundei nos estudos porque, quando jovem, tinha uma picuinha danada com a Matemática, embora hoje veja o bobo que era e perceba a beleza nos números, que desprezava, erroneamente.

— Bom, e como fazemos isso? – perguntou Linguinha.

— Também não me pergunte o porquê, muito menos o como, mas parece que, para esconder esses (micro) Buracos de Minhoca aqui na Terra, basta criar uma pequena área de instabilidade frontal a eles, através do movimento vertical ou perpendicular. Quer dizer, se conseguirmos fazer com que vente, vertical ou perpendicularmente a ele, o portal irá murchar suas atividades até que nova ventania, vertical ou perpendicular, o alcance e, reativando-o, faça com ele reapareça, salvo se ele se fechar sozinho e ninguém sabe, pelo que Cosmos falou pro Genésio, como, por que e quando isso acontece. Nem se sabe se acontece, pra falar a verdade.

— Imagino que esse vento vertical ou perpendicular anule um pouco a diferença de pressão entre o ar e o portal e isso o enfraqueça. Olha, se todos pegarmos aquelas folhas enormes ali adiante e abanarmos o portal será suficiente? – disse Linguinha.

— Vale a pena tentar, Linguinha – assentiu Preguiça.

— Vamos tentar, então – disse Caixa D'Água, já pegando uma folha.

Todos abanaram por um bom tempo e muito forte e o efeito foi o desejado: o portal arrefeceu suas atividades espirais.

— Gente, vamos fazer o seguinte. Vou fazer nesta árvore o símbolo da espiral e uma pequena seta pra sabermos que, à esquerda dela, está nosso portal dimensional que, se não se extinguir, ser-nos-á muito útil ainda, tenho certeza – falou, assertivamente, Linguinha.

— Mas com o símbolo remetente diretamente à espiral do vórtice, os gigantes não poderiam identificá-lo, também? Não seria melhor criarmos um símbolo que apenas nós quatro conhecemos? – indagou Jiquiri.

— Acho que não, amigo, porque os gigantes são ignorantes...

— Linguinha, acho que o Jiquiri está certo. Quanto mais segurança, melhor. Os gigantes não aprenderam a nadar e a velejar? Então, eles também podem, nesses pouco mais de 100 anos de afastamento, ter aprendido Astronomia, por menos que seja. Podem ter tido a ajuda de alguns homens, como nós... – atestou Caixa D'Água.

— Você também acha isso, Preguiça?

— Concordo com eles, Linguinha.

— Sim – disse secamente, Jiquiri.

— Bom, voto vencido, aceito a decisão da maioria. Qual será o nosso código, então? – disse Linguinha, instando os amigos a pensarem juntos no símbolo do vórtice.

— Que tal desenharmos na árvore, à esquerda do vórtice, tomando-se por base que estamos olhando pra ela, um barco, com a proa (quer dizer, com a frente do barco), voltada pra esquerda? Seria o nosso "Janzol Genésio", que nos trouxe até aqui. Ou, dizendo de modo mais técnico, olhando para a árvore, a proa estaria apontando para bombordo, ou seja, para o lado esquerdo do barco, olhando-se de trás para frente (todos riram). Afinal, o vórtice não poderá, também ele, nos levar pra lá e pra cá, tal como nosso querido barquinho? Aí, se encontrarmos outros vórtices, fazermos o mesmo – sugeriu Preguiça.

— Não seria a estibordo o lado direito? – perguntou Linguinha, que não gostava muito de barcos e pouco entendia de ciências náuticas.

— Não, meu caro, é bombordo mesmo. Estibordo ou, como é usado hoje em dia, por conta da semelhança sonora entre bombordo e estibordo, boreste, é o bardo, ou lado, direito de uma embarcação – respondeu Preguiça que, em sua juventude, chegou a disputar corridas de barcos a vela. Tanto quanto se chama barlavento o lado de onde o vento sopra e sotavento o lado para onde o vento sopra, ou seja, para onde ele vai.

— Tudo bem, Preguiça, já sabemos que você entende de ciências náuticas. Mas a ideia é excelente! E excelente percepção, também. Pode deixar que eu faço o desenho na árvore. Assim, os gigantes, ou quem quer que o veja, não os ligará ao portal – ofereceu-se Caixa D'Água.

— E dá pra escolher o caminho, uma vez dentro do portal? – perguntou Caixa D'Água.

— Não sei. Acho que temos que refazer o caminho de um ponto a outro, tal como se não tivéssemos passado por ele, mas o tempo, uma vez ultrapassada a dimensão do vórtice, parece passar muito mais rápido do que "aqui fora", digamos assim.

— Hein?

— Caixa, depois a gente tenta entender isso. Não tempos tempo agora – disse Preguiça.

Feita a marcação, ou seja, o desenho do barco marcando o local do vórtice espaço-temporal, os quatro pegaram os equipamentos e os víveres de onde os haviam escondido e começaram a se preparar para o reinício de sua longa viagem a Fênix, o povoado Salbri dos refugiados no Norte. Fecham-se as cortinas.

ATO V – QUEM PARA NÃO ANDA!

— Gente, vamos fazer um lanchinho antes de recomeçarmos a andar? Tô com fome!

— Ô, Caixa, é por isso que você está gordinho. Só pensa em comer! Não vai esvaziar essa caixa, não (Linguinha deu uma risadinha). A gente mal acabou de almoçar.

— Rá, rá, rá, muito engraçado, Linguinha – resmungou Caixa D'Água. Eu comi pouco. Meu almoço foi tumultuado por mais essa história de vórtice espaço-temporal.

Nesse ínterim, os quatro amigos ouvem novos estrondos ecoando pela mata litorânea e pouco depois conseguem identificar vozes, com o seguinte breve diálogo:

— Vamos logo, seus molengas. A escória Salbri não deve estar muito longe. Não viram os rastros deles perto da praia?

— É, estou quase sentindo o cheiro deles.

— Façamos o seguinte: vamos no dividir para procurá-los. Quem os achar, usa o sinalizador sonoro.

Os gigantes estavam bem próximos, quase ao lado.

— Gente, acho que não temos solução: vamos entrar pelo vórtice. A marcação já está aqui mesmo e ele já está disfarçado – falou, baixinho, Linguinha.

— O problema, Linguinha, é que, pelo que percebi, não temos como saber onde vamos parar – esclareceu Preguiça.

— Qualquer lugar é melhor do que ao lado dos gigantes! É claro que temos que torcer para não haver vórtice na aldeia deles, mas é um risco que temos que correr. E vamos logo porque não temos mais tempo. Eles estão chegando – sussurrou, Linguinha.

— Tudo bem – disseram os outros, quase ao mesmo tempo.

Os quatro pegaram o trenó, com os equipamentos e os víveres, e rapidamente se aproximaram do vórtice. A viagem foi rápida, quase não a sentiram.

— Onde estamos? – perguntou Jiquiri.

— Ou quando estamos? – perguntou Preguiça.

— Não sei não. Parece Lagoa Linda, mas não é a nossa aldeia querida – disse Caixa D'Água.

— Verdade, Caixa. Que estranho! – exclamou Linguinha.

— Aqui, meus amigos, já que não notaram ainda, vou arriscar afirmar, é um dos nossos destinos, talvez Fênix. Só não sei precisar se a Fênix de hoje ou de outra época. É o que temos que descobrir – atestou Preguiça. – Se for mesmo, demos muita sorte, chegamos ao nosso primeiro destino. E, daí, temos que procurar meu primo, que faz parte do equivalente deles ao nosso Conselho de Anciãos, que eles chamam de Conselho Livre de Fênix.

— Uma família de dirigentes, né? – falou, com certa ironia, Jiquiri.

— É, a liderança é forte na nossa família – respondeu Preguiça, de modo tranquilo, mas com leve ironia também.

— Gente, foco! Vamos descobrir onde e quando estamos – afirmou, com firmeza, Linguinha.

Foi só Linguinha terminar de falar e um grupo de habitantes do local saiu de dentro da floresta, mostrando-se meio espantado (contudo, menos do que seria de se esperar) por ver os quatro amigos, com um trenó cheio de coisas.

— Bom dia. Quem são vocês? – disse um dos dois egressos da floresta.

— Nós somos Salbris, como vocês – respondeu Preguiça.

— Salbris? Bom, vocês são, realmente, bastante parecidos conosco, mas na qualidade de guardas das fronteiras da nossa aldeia, acho estranho nunca termos visto vocês em Fênix.

Os quatro amigos de Lagoa Linda se entreolharam, com gosto e vitoriosos. Coube ao Bicho-Preguiça continuar o diálogo, tal como haviam combinado.

— Isso, meu caro amigo, é porque não somos de Fênix. Somos de Lagoa Linda, o povoado dos descendentes de nosso povo que migrou, na grande fuga dos gigantes, para o Sul, direção oposta a vocês, que vieram pra cá, para o Norte – explicou Preguiça.

Os guardas de fronteiras não pareceram ter ficado muito surpresos.

— Sim, nós já os esperávamos, apenas não tão rápido. Nosso Conselho Livre de Fênix advertiu os guardas de fronteiras que vocês viriam e fomos orientados a conduzi-los até o Conselho assim que chegassem. Sejam bem-vindos. Vamos, sigam-me, por gentileza.

— Ótimo, mas poderíamos tomar um banho em algum lugar e trocar de roupa, antes? – perguntou Preguiça.

— Certamente. Podem usar minha casa, inclusive. Moramos apenas eu e meu irmão.

— Muito agradecido. Quais os nomes de vocês? – perguntou Linguinha.

— Somos conhecidos por nossas profissões e/ou interesses, nomes que assumimos assim que entramos na idade adulta. Então, pode me chamar de Guarda Tudo, esse é meu apelido, porque adoro ser um guarda de fronteiras e não me contento em patrulhar apenas o setor que me é designado, mas ajudo os colegas. Até nas horas de lazer brinco de guardar – disse Guarda Tudo, rindo de sua própria piada e realidade.

— Em Lagoa Linda é assim também, no tocante aos nomes informais ou apelidos. E você, meu amigo? – perguntou Preguiça, dirigindo-se ao irmão de Guarda Tudo.

— Pode me chamar de Guarda Modelo. Não porque eu seja um primor de patrulheiro, como meu irmão (e deu também uma risadinha), mas porque adoro fazer pequenos modelos de objetos: casas, carroças, cavalos, objetos de uso diário... Enfim, pequenos modelos em tamanho reduzido.

— Bom, então, meus amigos Guardas, vamos pra casa de vocês (no caminho nos apresentamos), de modo a podermos encontrar vosso Conselho em condições civilizadas? – perguntou Preguiça.

— Vamos lá – disse Guarda Tudo.

As cortinas se fecham por alguns instantes para a mudança de cenário, da floresta para o salão nobre do Conselho Livre de Fênix, onde os embaixadores de Lagoa Linda são recebidos pelo presidente do Conselho.

Narrador, falando em *off* – *O cerimonial do Conselho introduz os embaixadores antes do tempo e o presidente, sem jeito, tentar contornar a situação, porque não era para Genésio e Janzol serem vistos. Não ainda, pelo menos.*

— Sejam bem-vindos, nobres embaixadores da aldeia coirmã de Lagoa Linda. É um prazer recebê-los, em nome do Conselho Livre de Fênix, o qual, muito honradamente, presido e represento. Meu nome é Bicho-da-Seda, porque sempre trabalhei no ramo de confecção das roupas dos cidadãos de Fênix, no nosso sistema de trocas, que, pelo que Genésio me disse, também é o sistema econômico adotado por vocês.

— Obrigado, presidente. Muito nos honra, também, estarmos aqui, com nossos irmãos Salbris que migraram para o Norte, posto que, até bem pouco tempo, achávamos ser os únicos a terem sobrevivido à grande fuga. Mas não posso deixar de manifestar minha — e acho que falarei pelos demais — surpresa em ver dois de nossos conselheiros por aqui. E eles sabem o porquê dessa surpresa. Assim sendo, peço-lhe permissão para me dirigir aos nossos conselheiros para perguntar o que eles fazem aqui, como chegaram antes e, por conseguinte, o que é que nós estamos fazendo aqui. Quer dizer: afinal, por que tanto mistério? O que está acontecendo? Qual é, realmente, a nossa missão? — falou Linguinha, com a aprovação de Jiquiri e Caixa D'Água. Preguiça permaneceu em silêncio, mas manifestando concordância com a fala de Linguinha.

— Linguinha, meu amigo (Genésio e Janzol estavam sem graça e, inicialmente, não encaram os quatro viajantes), na verdade, nós nem deveríamos estar aqui, agora. Vocês iriam saber da nossa presença, óbvio, mas por uma falha na recepção daqui, do Conselho de Fênix, nós nos encontramos agora, antes do tempo... – ia dizendo Genésio, quando foi interrompido por Jiquiri.

— Sem essa, Genésio. Você sabe que eu não confio em você, no Janzol e em seus cinco outros conselheiros-discípulos, justamente por ações como essa. Vocês disseram uma coisa para cada um de nós, não disseram nada, integralmente, para nenhum de nós, e agora estão tentando nos enrolar porque foram descobertos sem querer. Acho bom você e Janzol começarem a falar rapidinho e a responder as perguntas que o Linguinha fez, e outras que, talvez, façamos. Senão, o povo de Lagoa Linda vai saber de algumas coisinhas sobre seu Conselho. E acho bom serem convincentes, porque eu vou falar com os Salbris de Lagoa Linda de qualquer jeito.

Genésio e Janzol continuam meio desconcertados, mas embora Janzol permanecesse calado, Genésio, mais experiente,

tentou manter a tranquilidade e procurou conversar com os embaixadores de Lagoa Linda.

— Calma, Jiquiri. O amigo não precisa ficar nervoso. Entendo suas desconfianças, mas assim que explicar as coisas, e o farei completamente, garanto, você vai ver que eu não sou tão inconfiável assim e o Janzol também não.

— Estamos aguardando suas explicações – disse Jiquiri, com calma, mas olhando incisivamente para os olhos de Genésio e Janzol, no que foi seguido por Linguinha, Preguiça e Caixa D'Água.

— Bom, em primeiro lugar gostaria de pedir desculpas a vocês por não ter lhes apresentado, logo de cara, todas as informações de que dispúnhamos. A questão é que, na verdade, sabíamos de coisas que ou não tínhamos certeza de sua veracidade, como os vórtices espaço-temporais, que trouxeram não apenas vocês, mas nós também, Jiquiri. Lembra que os vimos viajando em um deles? Então, decidimos usá-lo também. Não achamos, sinceramente, que seria prudente abrir tudo para o conhecimento geral, como a questão da possibilidade do desabastecimento d'água. Ah! E ainda tem a questão da volta dos gigantes. Já sabemos que o barco foi destruído porque Fênix mandou alguns guardas para procurá-los e viram três gigantes por perto. Chegamos a temer por suas vidas. A viagem de vocês, como veem, é de suma importância, porque estamos reestabelecendo o contato com nossos coirmãos do Norte, porque temos a chance de renovar nosso conhecimento sobre possibilidades de fontes d'água, porque descobrimos ser verdadeira a questão da viagem no espaço-tempo, porque nos certificamos de que os gigantes voltaram mesmo e temos que traçar um plano em comum para nos defender, e porque – quem sabe? – podemos descobrir se os Salbris migrantes para o Oeste e para o Leste também se salvaram. Quem sabe não unimos o povo Salbri, novamente.

— Leste? – perguntou Caixa D'Água, e os demais também se espantaram.

— É, já que estou contando tudo, há indícios de que o pessoal do leste também sobreviveu.

— Genésio, os Salbris do Oeste e do Leste não foram contatados, ainda? – perguntou Linguinha.

— Não, nem sabemos se esses outros núcleos Salbris existem, embora tenhamos um mapa antigo, do povoado do Oeste, chamado de Nova Salbri, o qual lhes será dado para que possam chegar lá. O povoado do Leste terá que ser procurado mesmo, a não ser que os Salbris do Oeste tenham contato com eles para ajudá-los. Mas vão jantar, depois conversarmos mais – respondeu Janzol, com a concordância tácita de Genésio e de Bicho-da-Seda.

— E os gigantes que destruíram nossa embarcação e ficaram a nos procurar? – inquiriu Linguinha.

— Os gigantes? Pois é, tínhamos ouvido falar de seu retorno, mas ainda não os tínhamos visto. Devem ser uns desgarrados. Fujam deles, mas não se preocupem muito, porque eles estão quase extintos – afirmou Genésio.

As cortinas vão sendo fechadas e, em paralelo, o narrador, em *off*, desenvolve a seguinte fala, enquanto, no palco, os personagens permanecem imóveis – *Os quatro se entreolharam porque sabiam que "os sete" não só tinham ciência da existência de Nova Salbri, como talvez até já os tivessem contatado. Ou seja, Genésio e Janzol admitiram o que não dava para negar, mas continuaram a não abrir o que eles desconheciam, além dos segredos, como os de Caixa D'Água, que os quatro sabiam, como o fato de que haviam solicitado à Caixa D'Água para atuar como espião... As coisas continuavam estranhas. Os embaixadores voltam para a casa onde estão hospedados.*

— É... "Os sete" estão tramando alguma coisa – pensou alto Bicho-Preguiça. E essa história de que só tinham ouvido falar dos gigantes, que não nos preocupemos com eles... sei não. É mera sensação, mas acho que continuam a esconder informações e fatos em relação a isso, também.

— Olha, eu nunca confiei muito nesse Conselho do qual você faz parte, Preguiça. Você sabe disso. Confiava em você, no Zé Carpinteiro e naqueles outros dois lá (isso porque vocês confiam neles), mas os tais "sete", Janzol e Genésio à frente, nunca me convenceram – lamentou-se Jiquiri.

— E agora? O que fazemos? – indagou Caixa D'Água.

— Bom, temos algumas missões, independentemente do que Genésio esteja fazendo (ou deixando de fazer). Então imagino que temos que analisar as prioridades, o que faremos, como faremos e o que não faremos nesta viagem. Mas uma coisa é certa pra mim: temos, também, que decidir o que vamos fazer com o Conselho quando voltarmos, digo, o que vamos informar ao nosso povo e o que vamos colocar em votação para que decidamos juntos – afirmou Linguinha.

— Temos que contar tudo, Linguinha, Tudo o que sabemos, para não sermos iguais ao Genésio e seus parceiros. E começo eu, a fazer isso. Bom... Quando fui designado para esta viagem, o Genésio me incumbiu de fazer relatos sobre o que vocês iriam falar e fazer – disse Caixa D'Água, aliviado por abrir o seu segredo.

— Caixa... Você aceitou atuar como "X9"?

— Sinto-me tão envergonhado, Jiquiri... Genésio me disse que confiava em mim, no meu discernimento... Aí acho que fiquei tão envaidecido pelo presidente do nosso Conselho falar assim de mim, que aceitei, sem pensar nas consequências. Desculpa, gente, por favor!

— Por mim, tudo bem. Todos nós escondemos alguma coisa dos outros e acho que o que fica é a lição, para nossa vida e para esta missão, que temos que confiar em nós mesmos e em nossos amigos, senão as coisas desandam – disse Preguiça.

— Apoiado – falou Jiquiri.

— Concordo. Vamos em frente! Agora temos que decidir o que fazer, o que não fazer... – falou Linguinha.

— Vamos analisar o que temos que fazer: 1 – consolidar o contato com os Salbris daqui, de Fênix e, se antes pensávamos em ver se havia outro povoado, agora temos que fazer e consolidar o contato com Nova Salbri, que já sabemos existir. O que temos que decidir é como fazer isso, caso os contatos já tenham sido iniciados por Genésio, porque não sabemos em que bases foram feitos esses contatos iniciais; 2 – certificar-nos-emos se os Salbris do Oeste e os do Leste, caso existam mesmo, são amistosos e se estão dispostos a fazer esse contato (acho difícil que não queiram, mas é sempre possível); 3 – construir uma missão diplomática para contatar Nova Salbri e o Leste; 4 – averiguar novas fontes d'água (aqui, em Nova Salbri, ou no caminho – aí entra, direto, você, Caixa D'Água); 5 – promover um intercâmbio permanente, científico, político e comercial, entre nós, até, quem sabe, chegarmos ao momento em que possamos reunir nosso povo uma vez mais, e pensar em que condições isso será realizado; e 6 – tentar estabelecer uma parceria pela sobrevivência, tanto para combater os gigantes quanto para melhorar as condições de existência de nosso povo – enumerou Bicho-Preguiça.

— Bom – continuou Linguinha –, concordo que, sobre a consolidação de contatos, pelo visto, não vamos ter muitos problemas com Fênix, apenas temos que ter o cuidado de detectar se Genésio e nosso Conselho não estão armando nada com Bicho-da-Seda e o Conselho daqui, valendo o mesmo para Nova Salbri. E isso envolve, também, a questão da amizade ou a falta dela. A missão diplomática, Preguiça, acho que já está constituída, e os resultados dependerão de nossa habilidade, inclusive para neutralizar ou, ao menos, amenizar quaisquer segundas intenções de Genésio e Janzol. Cabe a nós, desse modo, creio, o intercâmbio que você bem lembrou. Por fim, a parceria pela sobrevivência virá, imagino, do contato e da necessidade mútua, cabendo também a nós outros essa parceria, que bem pode ser o ensaio para a unificação de nosso povo. Nós temos que levar todas as informações para os amigos de Lagoa Linda e decidir, juntos, o que fazer, a despeito do que o Conselho de Anciãos deseja e está fazendo.

— Linguinha, pelo visto você está começando a pensar como eu, quer dizer, está começando a ver que os Salbris, em conjunto, é quem deve decidir seu futuro, e não 11 conselheiros apenas – observou Jiquiri.

— Amigo, sempre pensei assim. E no que diz respeito à confiança no Conselho, estou começando a lhe dar razão. Ainda dou um voto de confiança a Genésio, Janzol e os outros cinco que os seguem, para não ser injusto, mas que a coisa está estranha, isso está. Por isso, é importante nos prevenirmos.

— Gente, o que vocês acham de eu ir conversar com Genésio e Janzol, como se mantivesse intacta a missão que me deram, relatasse algumas atitudes de vocês e algo mais substancial, que iremos combinar, para dar credibilidade ao meu relato? Com isso, talvez consiga arrancar alguma coisa deles que indique suas intenções – sugeriu Caixa D'Água.

— Isso pode ser bom – disse Preguiça. – Qual "coisa importante" você poderia dizer... Ah! Já sei! Diga que me ouviu dizendo que não confio plenamente no Conselho, no que fui apoiado por Jiquiri, mas que Linguinha os defendeu veementemente e que nós dois estamos suspeitando das intenções do Conselho.

— Mas como isso pode nos ajudar, Preguiça? Não irá despertar a atenção de Genésio e Janzol para o que vamos fazer?

— Jiquiri, para ganhar a confiança de Genésio e de Janzol ele tem que dizer alguma coisa substancial como essa. Ao dizer isso, ele não apenas estará se mostrando do lado deles, mas também estará, se caírem na história, despistando. É do conhecimento geral que você não fecha com eles, mas a mim, para eles, há só uma suspeita, e eles, agora, saberão. Além disso, vão achar que convenceram o Linguinha com a história contada e isso os deixará menos preocupados conosco e achando que nosso grupo não está unido. Eles vão achar que tudo o que faremos será da ciência deles, porque Caixa D'Água nos entregará. Eles também vão achar que, além do Caixa, têm no Linguinha, na prática, o grande líder dos Salbris de Lagoa Linda, junto a Genésio, também um aliado, o que os deixará mais tranquilos em relação ao que faremos, repito. E achando que Linguinha e Caixa D'Água são aliados deles, eles poderão abrir algo mais para eles, ainda que seja pouca coisa e de modo sutil, como algumas de suas intenções, porque eles também têm que manter a confiança deles, para que eles possam continuar a nos entregar, e porque, talvez, eles venham a precisar de que algo seja dito ou feito em relação a nossa viagem, para que os objetivos que traçaram sejam atingidos – disse Preguiça.

— Bem pensado – disse Jiquiri.

— Concordo, Caixa. Vai procurar nossos dois conselheiros e diz pra eles o que o Preguiça sugeriu. Vamos ver se reagem positivamente, mais ou menos como Preguiça espera, de preferência, bem rápido, para que tal reação nos ajude nos próximos passos – orientou Linguinha.

— Isso. E enquanto você fala com eles, nós três vamos traçando uma estratégia do que faremos. Quando voltar, você se encaixa no planejamento. Tudo bem? – perguntou Jiquiri.

— Tudo bem por mim. Vamos em frente. Quem para não anda! – completou Caixa D'Água.

Fecham-se as cortinas.

ATO VI – DIPLOMACIA NADA MACIA

Narrador, falando em *off* – É, gente, as coisas estão meio estranhas para o povo de Lagoa Linda. Os Salbris de lá vivem em paz, mas confiam demais em seu Conselho de Anciãos. Aparentemente, os quatro embaixadores terão muito que contar sobre seus conselheiros assim que retornarem à aldeia.
Caixa D'Água retorna da conversa com Genésio e Janzol, tendo por testemunha apenas Bicho-da-Seda.
— Gente, a coisa é pior do que imaginávamos!
Alardeou Caixa D'Água, retornando para a casa de Guarda Tudo, onde os embaixadores de Lagoa Linda ficaram hospedados, com aquela famosa cara "de quem comeu e não gostou".
— Não me espanta – disse, realmente, com muita tranquilidade, Bicho-Preguiça.
— Lamento, mas também não fiquei surpreso – emendou Jiquiri.
— A essa altura do campeonato também não vou dizer que me surpreendo com isso, mas eu tinha esperança de que não fosse de todo verdade, então, no fundo, no fundo, estou um pouco surpreso, embora mais triste do que surpreso – finalizou Linguinha. – Diz aí, então, Caixa, como foi a conversa? Piora as coisas pra gente também (e deu uma risadinha meio sem graça).
— Cheguei lá, no salão do Conselho daqui, de Fênix, e peguei Genésio e Janzol conversando com Bicho-da-Seda. Disse pra eles que gostaria de conversar a sós, claro, me desculpando com Bicho-da-Seda, que, aparentemente simpático, assentiu com a demanda, malgrado tenha notado uma pontinha de contrariedade. Aí, não sei se Genésio e Janzol notaram essa contrariedade sutil e submersa ou se a união entre eles está bem azeitada, mas o fato é que Janzol disse que o eu que tinha pra falar com eles poderia falar na frente de Bicho-da-Seda. Genésio concordou com a cabeça. Então comecei a falar, dizendo pra eles o que combinamos. Já esperava um pequeno discurso, especialmente da parte de Janzol que, como sabem, gosta de ser prolixo, mas,

para minha surpresa, Janzol manteve-se calado e Genésio pouco falou. Bicho-da-Seda também não se pronunciou, quase como se soubessem o que eu iria falar e como se já tivessem combinado, entre eles, o que dizer e quem iria fazê-lo. O que Genésio disse? Me cumprimentou por estar cumprindo meu dever para com o povo Salbri de Lagoa Linda e de Fênix; disse para que eu continuasse a lhes relatar os passos e as falas de vocês, notadamente, Preguiça e Jiquiri; disse que não se arrependia de ter confiado em você, Linguinha; e, por fim, eis o que acho que piorou a situação: eles têm um plano para juntar os povos sob um domínio único e centralizado.

— Como assim, Caixa? Genésio disse isso? – perguntou Linguinha, enquanto Preguiça e Jiquiri permaneceram atentos à narrativa do amigo.

— Não, não! Não foi bem o que ele disse, Linguinha. Foi mais o que ele não disse. Explico: ao fim do meu relato de "X9" (disse isso meio rindo, meio sem graça), Genésio se virou para Janzol e Bicho-da-Seda e, como se eu não estivesse ali (acho que ele deve ter se esquecido desse fato por alguns segundos), disse que o combinado estava todo saindo conforme o inicialmente tratado e que a união do povo Salbri começava a se tornar uma realidade. Entretanto, eis um detalhe importante: quando cheguei, foi por trás deles, os ouvi comentando alguma coisa como um "comando unificado dos Salbris". Genésio falou isso e Bicho-da-Seda disse que já tinha a concordância da maioria do Conselho Livre de Fênix para juntar os Conselhos das duas aldeias, com os que concordavam. Aí foi só juntar o que tinha ouvido nesse momento com a observação do Genésio e deduzir o que estou aqui a lhes relatar. Então, para deixar claro, quando disse que é pior do que imaginávamos, estou falando mais de indícios e de intuição, do que de provas, mas, para mim, eles estão tramando unificar os Salbris sob o comando centralizado deles. Nossas decisões coletivas podem estar em risco.

— Caixa, se isso é verdade, então temos que prosseguir com a missão diplomática, mas também evitar que tais intenções se sobreponham ao que ganhamos, cultural e politicamente, a autonomia e a independência do povo Salbri, em relação aos falsos líderes, que mais se interessam em mandar do que em liderar e cooperar. Esse foi um ganho e tanto que tivemos, obtido com muito custo por gerações. Não podemos deixar que um esquema político de lideranças personalistas e opressoras, como os que têm os homens e os gigantes, seja implantado na nossa livre, espontânea, generosa e solidária cultura Salbri. Concordam? – falou Linguinha.

— Completamente! – exclamou Jiquiri, com um entusiasmo que não lhe é muito peculiar.

— Foi bem o que pensei – assentiu Caixa D'Água.

— Concordo – disse Preguiça. Mas minha experiência me diz um pouco mais. Como lhes relatei, fiquei sabendo de Fênix, por intermédio de meu primo (aliás, tenho que sair para encontrá-lo), quando fiz um dos vários retiros solitários na Floresta das Lepitotas, insatisfeito que estava com os desígnios do nosso Conselho de Anciãos e mesmo com parte de nossos conterrâneos, porque achava que lhes dava apoio em demasia, percebi que a vontade geral dos Salbris estava sendo... digamos... um tanto manipulada pelo Conselho. E a vontade geral deve ser, com o perdão da redundância, a vontade geral, ou seja, de todos, modulada por acordos gerais – já que é impossível que todos tenham suas necessidades e desejos atendidos e satisfeitos –, e não a vontade de meia dúzia, ou de sete, que tentam fazer da sua, a vontade geral, ainda que por um pseudoconvencimento. Isso é o que vocês estão apontando e, como disse, concordo. Fechamos?

Todos apoiaram com as cabeças.

— Ótimo, então acreditem em mim quando digo que, a despeito da nossa concordância, alguma espécie de liderança tem que haver, senão as coisas simplesmente não acontecem. Ou vocês acham que nosso sistema de trocas sociais, com aquela loucura toda na "Praça do Troca Tudo", funcionaria sem a liderança do Linguinha? Sei que, às vezes e em alguns momentos, é sutil o limite entre liderar e impor, entre estar à frente das realizações de um grupo e dizer a esse grupo o que fazer, como se fosse a vontade dele, grupo, que prevaleceu, mas é necessário realizar essa distinção para o bem de todos.

— Hummm... Sei não, Preguiça. Tenho que pensar um pouco nisso que você falou, embora me pareça fazer sentido – disse Jiquiri.

— Acho que procede – consentiu Linguinha.

— É, acho que concordo – completou Caixa D'Água.

— Então, não vamos demonizar a liderança, mas a forma como, pelo visto, está sendo exercida por nossos líderes. A soberania é de todos e o bom líder reconhece isso liderando a vontade geral, tanto nas ideais, propriamente ditas, quanto nas ações práticas, a partir de acordos gerais, e não a manipulando ou tentando mandar nela.

— Certo, Preguiça. De todo modo, temos que retomar nossa missão. Digo, vamos nos reunir com o Conselho Livre de Fênix para consolidar o contato com os Salbris daqui, como se nada de errado estivesse acontecendo, e cumprir a primeira parte da missão, até para que Genésio e Janzol não suspeitem de nada. As fontes d'água têm que ser buscadas lá perto de Lagoa Linda. Vamos logo para Nova Salbri, a Oeste do ponto histórico de encontro, e depois ver se achamos o povoado Salbri do Leste. Uma vez que unamos os Salbris e estabeleçamos as missões diplomáticas e os intercâmbios científicos etc., constituiremos o sistema de defesa em conjunto contra os gigantes para, ao voltarmos, friso, acharmos novas fontes de abastecimento d'água. Uau! Quanta coisa! Só então voltamos para Lagoa Linda e passamos todas as informações para o nosso povo, tanto sobre a missão quanto, especialmente, sobre o nosso Conselho. Vamos decidir em conjunto, como sempre fizemos.

— Isso aí, Linguinha, meu líder! – disse Jiquiri, rindo com Caixa D'Água e Preguiça.

As cortinas se fecham rapidamente para a mudança de cenário: da casa do Guarda Tudo para o salão do Conselho Livre de Fênix.

— Sejam, novamente, muito bem-vindos, meus coirmãos Salbris, da aprazível aldeia de Lagoa Linda – saudou Bicho-da-Seda, um tanto demagogicamente, com os braços abertos para um forte abraço, sob o olhar silencioso de desconfiança e desaprovação dos quatro lagoalindenses, mas com a concordância tácita de Genésio e Janzol.

— Meus amigos, as negociações para o estabelecimento de relações multilaterais, intersocietárias e pluripessoais, entre a nossa Lagoa Linda e a Fênix, e entre nossos povos, estão praticamente terminadas. Decidimos abrir, aqui, uma casa de negócios de Lagoa Linda, que ficará sob a supervisão momentânea de Janzol e, em Lagoa Linda, Bicho-da-Seda escolherá alguém, possivelmente seu sobrinho, que também faz parte do Conselho Livre de Salbri, para ser o representante deles – falou Genésio, usando tom bastante parecido com Bicho-da-Seda.

— Essa decisão e escolha serão postas em votação pelo povo? – perguntou Jiquiri.

— Não é necessário, meu caro. É um assunto apenas administrativo... – respondeu Bicho-da-Seda.

— Certo – falou Preguiça, tentando forçar algum entusiasmo. – Acho que posso falar por todos quando digo que ficamos felizes com o saldo geral dessa primeira parte da nossa missão. Mas, por outro lado, Genésio, tal fato também me confunde: o que, exatamente, nós viemos fazer aqui? Pra quê fomos enviados e por que viemos num barco, se vocês já conheciam o vórtice espaço-temporal?

— Tudo tem o seu tempo, Preguiça. Meus amigos, era necessário que vocês viessem para legitimar o contato com Fênix e, como sabem agora, com Nova Salbri, a Oeste de nosso ponto histórico de encontro. Se fôssemos apenas nós a fazer isso, poderia soar como uma ação deliberada de nosso Conselho de Anciãos para usurpar a prerrogativa popular de decidir sobre seu futuro. E vocês vieram de barco porque, quando decidimos a missão, ainda não tínhamos certeza de que os portais existiam, apenas suspeitávamos. Só depois da partida de vocês é que conseguimos confirmar o achado dos vórtices – explicou Janzol, com a concordância de Genésio.

— Bom, então, acho que a primeira parte da nossa missão está concluída. Vamos partir para Nova Salbri e o pessoal do Leste, se der, e, na volta, vamos procurar novas fontes d'água potável para Lagoa Linda. Vocês não entraram mesmo em contato com Nova Salbri?

— Não, Linguinha. Lá ainda não fomos. Juro – respondeu Janzol.

— Bom, então as tratativas culturais, científicas, políticas etc. que pudermos realizar com eles, será, inicialmente, o que nós vamos fechar com eles, certo? – perguntou Preguiça.

— Certíssimo! – exclamou Genésio.

— Bem, então vou ter com meu primo ainda hoje, depois do almoço, e vamos seguir viagem amanhã – completou Preguiça.

— Boa viagem, meus amigos, e até a volta, na nossa Lagoa Linda – despediram-se Genésio e Janzol.

— Bicho-da-Seda, eminente presidente do Conselho Livre de Fênix, peço sua licença, em nome do nosso grupo, para seguir com nossa missão – disse, reverencialmente, Bicho-Preguiça.

— Vá, meu amigo, você a tem. Ficamos muito felizes com vossa presença e estamos certos, falo em nome de meu Conselho e de meu povo, de que uniremos novamente os Salbris – disse, quase discursando.

— Todos em Fênix já sabem disso tudo que estamos tratando, Bicho-da-Seda? E se não sabem, quando saberão? – perguntou Jiquiri.

— Meus amigos, falo pelo Conselho Livre de Fênix porque eles assim me autorizaram e me honraram na escolha de ser seu porta-voz; falo pelo povo de Fênix porque nosso Conselho é o representante escolhido por ele: no momento certo, eles saberão de tudo – respondeu Bicho-da-Seda.

— Bicho-da-Seda, com todo respeito que lhe devo, o momento certo de as pessoas saberem de coisas que lhe dizem respeito, diretamente, tanto mais quanto maior a influência do fato em suas vidas, é o momento em que essas coisas surgem. E quanto mais cedo, melhor. É assim que agimos em Lagoa Linda: tudo às claras, na Praça do Troca Tudo... – ia dizendo Preguiça, quando foi interrompido por Jiquiri.

— Os lagoalindenses decidem tudo, Bicho-da-Seda, ou, ao menos, assim achávamos, porque, pelo que vimos nesta viagem, há coisas, Linguinha (e olhou para o amigo), que, agora sabemos, também não têm sido ditas para nossos conterrâneos.

Bicho-da-Seda mostrou-se um tanto desconcertado e surpreso com as colocações dos dois e Genésio e Janzol, além de também terem sido surpreendidos, estavam um tanto irritados. Genésio já ia abrindo a boca para falar alguma coisa, quando Caixa D'Água os socorreu.

— Gente, tenho certeza de que, apesar das diferenças de procedimentos entre o que faz o Conselho Livre de Fênix e o nosso Conselho de Anciãos, as intenções são as melhores. Certamente, por terem sido escolhidos, o Conselho daqui age de acordo com que os Salbris daqui desejam, e Genésio e Janzol estão apenas nos protegendo. O importante é que nossa missão seja bem-sucedida, não é? – falou Caixa D'Água, olhando para todos, um por um.

— Concordo – falou com um entusiasmo um tanto forçado, Linguinha.

— Sábias palavras, Caixa – disse Genésio.

— Amigáveis palavras, Caixa – falou Janzol.

— Diplomáticas palavras – disse Bicho-da-Seda. Não vamos nos dispersar em divagações que possam beirar acusações ou leviandades. Sigam em paz a viagem, meus irmãos.

— Fiquem em paz, amigos – disse Preguiça, já se retirando, no que foi seguido pelos demais embaixadores de Lagoa Linda.

Fecham-se as cortinas, novamente.

ATO VII – FLANANDO PELO CONHECIMENTO

Narrador, falando em *off*, com o cenário de fundo de uma floresta – *A viagem é retomada. Os quatro amigos de Lagoa Linda, cada vez mais unidos, mas, também, cada vez mais desconfiados do que estava se passando, seguem para o sentido Oeste do ponto histórico de encontro, com o fito de chegar a Nova Salbri.*

— Gente, agora fiquei preocupado... Sabem por quê? Porque Genésio disse que não tinha certeza da existência desses portais antes da nossa partida. Só que ele não sabe que eu, que estava meditando no salão lateral ao salão principal do Conselho de Anciãos, e de onde se houve tudo o que se conversa no salão principal, ouvi que estava confirmada a existência de vórtices espaço-temporais. "Os sete" não sabiam que eu estava lá. Na hora não dei muita bola, mas depois, conversando com o louco do Cosmos, entendi o que era, embora não tivesse acreditado e, por isso, também não liguei muito pra isso, não. Ou seja, Genésio, dessa vez, não apenas omitiu algo de nós, mas, deliberadamente, mentiu para nós – falou Bicho-Preguiça.

— E outra coisa, Preguiça... Essa história de que o Conselho de Fênix decide tudo e só comunica, quando querem, para o povo Salbri, de Fênix, e que eles aceitam, é meio estranha, pra não dizer furada. Será que os Salbris daqui aceitam isso ou aceitam o que lhes é transmitido, sem saber que nem tudo é informado? Prefiro o nosso estilo de decisão coletiva, ainda que haja líderes, como o pessoal do Conselho de Anciãos – disse Linguinha.

— E que defesa foi aquela que você fez dos dois Conselhos e das atitudes de Genésio, Janzol e Bicho-da-Seda, Caixa D'Água? – perguntou Jiquiri.

— Poxa, Jiquiri, o plano não é que eu mantenha e até amplie a confiança de Genésio? Não vejo melhor jeito de realizar isso do que fazendo o que fiz – disse Caixa D'Água.

— Boa, Caixa. Sinceramente, não tinha percebido isso – respondeu Jiquiri.

— Eu sim e achei ótimo. Agora, arrumem nossas coisas para a viagem e comecem a planejar o restante da nossa missão, enquanto vou ver meu primo. Não demoro. Na volta, me comuniquem o que decidiram – falou Preguiça.

Enquanto em um canto do palco, Linguinha, Jiquiri e Caixa D'Água permanecem, conversando e gesticulando, no outro canto do palco, Preguiça bate à porta de seu primo, Bob Leiteiro, e eles travam o seguinte diálogo.

— Primo Preguiça, que bom vê-lo! Já estava achando que você ia embora sem que nos encontrássemos.

— O que é isso, primo Leiteiro, não faria essa desfeita. Como vão suas vacas? Produzindo muito leite? E manteiga e queijo, tem feito?

— Tenho sim, primo. As vacas vão bem e produzindo muito leite e de boa qualidade. Quanto à manteiga e ao queijo, sigo firme na produção.

— Você teria como ceder (na primeira oportunidade, retribuo) um tanto de leite, manteiga e queijo, para que eu e meus amigos possamos melhorar um pouco nossas provisões para a viagem?

— Preguiça... Vou fazer melhor. Não só vou ceder (e não precisa retribuir), como vou com vocês – disse Bob Leiteiro.

— Você vai conosco? Tem certeza? Pode ser uma viagem perigosa, porque, além dos riscos inerentes a esse tipo de expedição, não sei se você está sabendo, os gigantes não só retornaram, como estão em nosso encalço – alertou Preguiça.

— Sem problemas, primo. Estou meio entediado em ficar aqui, apenas fazendo manteiga, enquanto sei que há coisas muito importantes para nossos futuros que estão acontecendo. E também não ando muito satisfeito com os rumos das decisões e das ações do Conselho Livre de Fênix. Parece que faço parte apenas nominalmente e que minhas opiniões são ouvidas pró-forma, mas que são deliberadamente ignoradas. Perco todas (e ri). Além disso, não quero ficar de fora dessa história, quero ajudar vocês.

— Sei bem como é isso. Mas preciso lhe dizer, primo Leiteiro, que estamos muitos desconfiados de que nossos conselheiros, e que os seus também, estão escondendo coisas e estão tramando algo que não é, propriamente, vamos dizer assim... muito adequado às tradições coletivas, generosas e solidárias de nosso povo Salbri, os "grandes por dentro".

— Primo Preguiça, eu já desconfio do nosso Conselho há muuuiiito tempo! – disse Leiteiro, dando aquela risadinha irônica de canto de boca.

— Então vamos, juntos, desmascarar nossos Conselhos.

— "Simbora", meu velho!

As cortinas se fecham por alguns instantes para que o cenário seja mudado e, uma vez abertas novamente, os quatro expedicionários de Lagoa Linda e o primo de Bicho-Preguiça, que se juntou ao grupo, estão andando pelo meio da Floresta das Lepitotas, enorme que era.

— Já que há um portal entre aquela praia, na vertente sudeste da Floresta das Lepitotas, onde aportamos, e ele nos leva direto a Fênix, será que não dá pra gente direcionar a viagem e tentar sair num eventual novo portal, em Nova Salbri?

— Ô, Caixa, boa pergunta! Eu não tinha pensado nisso. O problema é que não conhecemos nada da natureza desses portais, salvo o fato de que existem e que dois deles são os que nos serviram há três dias.

— Linguinha, eu sei um pouco mais sobre eles – falou Bob Leiteiro. Eles são deformações no espaço, motivadas pela força gravitacional da massa dos corpos que com ele interagem. O Preguiça me disse que vocês já descobriram que provocando uma ventania, vertical ou perpendicular, ao movimento rotacional do vórtice, ele fica quase estagnado e disfarçado, de tão fraco, e que, para reativá-lo, basta fazer nova ventania, no mesmo sentido desse movimento. Mas o que vocês ainda não descobriram, pelo visto, e que agora lhes informo, não o sei na prática, porque eu mesmo ainda não vi nenhum desses vórtices, mas a teoria me foi passada em conversa com o Cosmos, amigo de vocês, que vez ou outra passava uns dias comigo e com o Preguiça nos retiros semestrais que fazíamos (e espero que os continuemos a fazer) na parte da Floresta das Lepitotas, que fica nos arredores de Lagoa Linda. Não me pergunte o porquê disso nem como o Cosmos descobriu o fato ou como acontece, mas parece que, a despeito da aleatoriedade do surgimento desses vórtices, eles podem ser criados artificialmente, digo, podem ser abertos por indução.

— Como assim, Leiteiro? O Cosmos não me falou nada sobre isso! – estranhou Preguiça.

— É que, no momento em que ele me falou, você tinha tomado um pouco mais de cerveja e de vinho do que o normal e estava dormindo (e riu). E depois a conversa seguiu e ninguém se tocou de lhe falar isso, porque era apenas uma conversa despretensiosa. Mas agora você ficará sabendo. Bom, eis como podemos induzir um vórtice espaço-temporal (repito, teoricamente, porque nunca fiz isso): uma grande explosão (como se fossem muitos fogos de artifício) dentro da Floresta das Lepitotas e num raio de, no máximo, uns 1.000 metros. O Cosmos disse que fez esse experimento. Disse, também, que tem que ser aqui, na nossa Floresta, porque este é um local, embora ele não saiba explicar o porquê, que tem um grau de eletromagnetismo exacerbado em relação a outros locais da região, quem sabe, até do planeta. Essa "anomalia eletromagnética", como ele a definiu, repito, gera um intenso campo energético-gravitacional, indutor do vórtice espaço-temporal. Cosmos só não sabe dizer se isso pode ser feito em toda floresta ou se deve acontecer em locais específicos. O problema que resta é que podemos até conseguir abrir um portal onde estamos, mas não temos como saber se teremos outro em Nova Salbri. Para ter certeza disso, só se tivéssemos alguém por lá para fazer o mesmo e forçar a criação de um portal na aldeia do Oeste e, assim mesmo, não seria de todo garantido, porque, até onde sei, Jiquiri e Preguiça, que viajaram em um, podem atestar, não existe um leme de navio que direcione a viagem. Se tiver o portal por lá, é como se déssemos um passo para o lado de tão rápido.

— Leiteiro, você conseguiria pra gente um pombo correio?

— Sim, por que, primo?

— Porque metade do problema a gente pode resolver agora. A gente pode mandar uma mensagem para o Cosmos e pedir pra ele abrir, em segredo, por enquanto, um vórtice em Lagoa Linda, e o disfarçar. Assim, teremos como voltar pra nossa aldeia com rapidez.

— Que ótima ideia, Preguiça! – disse Caixa D'Água.

Os amigos de Lagoa Linda descansam um pouco, enquanto Bob Leiteiro volta pra Fênix, meia hora de caminhada, sozinho, porque ninguém sabia que ele tinha partido com o grupo, para mandar a mensagem.

— Mas ainda ficamos com o problema de chegar a Nova Salbri, rapidamente – falou Linguinha.

— Rapaz, pra Nova Salbri vamos ter que ir a pé, mesmo. Ao chegarmos, a gente abre um portal lá. Só temos que ter cuidado com os gigantes – disse Jiquiri.

— Verdade – concordou Linguinha. – Quando Leiteiro voltar, a gente mete o pé na estrada. Não temos mais tempo a perder!

Os amigos partem assim que Leiteiro retorna e confirma o envio da mensagem para que Cosmos abra um vórtice espaço-temporal perto de Lagoa Linda, no limite da Floresta das Lepitotas, e têm uma surpresa.

— Oi, Salbris amigos! Cheguei!

— Cosmos? Rapaz, como é que você veio parar aqui? – perguntou Jiquiri.

— Simples. Abri o vórtice espaço-temporal que pediram e o disfarcei, mas não resisti. Eu, o astrônomo-chefe de Lagoa Linda, que estudou com os homens, que teoriza sobre um monte de fenômenos astrofísicos e cosmológicos, incluindo os vórtices espaço-temporais, não usufruiria do conhecimento que produzo? Deixaria passar essa oportunidade? Claro que não! Quis participar e conhecer esse portento da natureza e, ainda, de quebra, ajudar Lagoa Linda – respondeu Cosmos.

— Que bom, amigo! Estávamos mesmo precisando de um pouco da boa loucura, da qual você é um legítimo e querido representante! – atestou Linguinha, com a vênia dos demais membros da expedição.

Narrador, falando em *off* – *E andaram, andaram e andaram. Muito. Foram 10 dias de caminhada, enfrentando pelo caminho a difícil densidade da floresta, pouca água disponível e animais selvagens. Mas o pior ainda estava por vir, faltando mais ou menos cinco dias para chegarem ao local que, onde indicava o mapa que lhes fora dado por Bicho-da-Seda, deveria estar Nova Salbri.*

— Vocês estão ouvindo? – perguntou, assustado, Caixa D'Água.

— Que estranho! – respondeu Cosmos.

— Estranho nada. São os gigantes que, ou estão em nosso encalço, por terem nos rastreado, ou, como espero, embora estejam nos procurando, ainda não sabem que estamos aqui. Vamos subir nas árvores e aguardar em silêncio – falou Preguiça.

Todos subiram nas árvores mais próximas e aguardaram em silêncio.

— Quietos! São os gigantes mesmo! Eu os estou vendo e eles estão chegando – sussurrou Linguinha.

Os cinco lagoalindenses e o fenixiano ficaram absolutamente imóveis. Mal respiravam ao ouvirem o tonitruante ribombar do diálogo bestial dos cinco gigantes que, agora souberam, perseguiam-nos.

— Vamos logo, seus molengas! Eles não devem estar longe! – gritou o primeiro deles, que parecia ser o líder, ou assim se achava.

— Ah, para de achar que você é o comandante desta missão. O chefe está na aldeia, não aqui, e não é você! – retrucou o segundo gigante, que saía do meio das árvores.

— Vocês dois, vamos parar com isso – reclamou o terceiro. Os outros dois permaneceram calados.

O primeiro gigante voltou à carga.

— Chefe ou não, foi a mim que os líderes dos porcarias dos Salbris, Genésio e Bicho-da-Seda, informaram o paradeiro desse pequeno grupo de Salbris, e o combinado é que os capturemos para depois eles fingirem que os libertaram, mediante uma negociação conosco. Cretinos, não é? Mas as lideranças, de modo em geral, são assim mesmo, cretinas, e visam, basicamente, ao poder. E, assim, as coisas acontecem se não houver pressão em contrário. Além disso, eles também nos repassaram algumas informações necessárias para que possamos, junto a alguns homens, aqueles lá... beeeem do Norte, em breve, recuperar nossa fonte de recursos de vida, recuperar o que é nosso, por direito histórico, ou seja, a subserviência do povo Salbri. Há uns 100 anos que nosso povo espera por isso, pela ressurreição de nossas glórias passadas. E a submissão dos Salbris é essencial para que obtenhamos nosso intento. Não podemos falhar. Por isso, mexam os traseiros e não reclamem!

— E o que eles pediram em troca? – perguntou o gigante que havia questionado a liderança do que se achava chefe.

— Pouca coisa: segurança para os Salbris, no sentido de que eles passarão a nos fornecer comidas, armas e mais o que puderem, mas os deixaremos vivos em suas aldeias, sem que cheguemos perto. O que eles ainda não deram foi a localização das duas aldeias Salbris que são o resultado da fuga deles há pouco mais de 100 anos, de nossos antepassados, nem disseram como chegaram a nossa aldeia. Mas se nos derem o que queremos, precisamos e merecemos, está tudo certo. Por um tempo, porque nosso rei não vai aceitar apenas isso. Os Salbris têm que saber quem é que manda.

— E o que ganham em troca? – perguntou o terceiro gigante, enquanto os outros dois, aparentemente, de patentes mais baixas, continuavam calados.

— Ora, mantêm o povo deles vivos e posam de diplomatas, como se a sobrevivência dos Salbris dependesse deles! Eles passarão a ser os líderes incontestes! – gritou, uma vez mais, o gigante. – Mas o que eles não sabem é que nós vamos fazer incursões esporádicas para manter esses Salbrizinhos no lugar deles! E que vamos, também, de vez em quando, fazer alguns prisioneiros, que serão, por um tempo, escravizados, antes de serem devolvidos, para mantê-los sob o domínio do terror, evitando, por esse motivo, eventuais rebeliões (e todos os gigantes riram).

— Vamos voltar a procurá-los, por gentileza. Assim está bom para você? – falou, pela terceira vez, o gigante que se achava líder.

Os gigantes, depois desse pequeno descanso e discussão, retomaram seu caminho. Passado algum tempo, nossos seis amigos, estupefatos, desceram das árvores onde se escondiam e passaram um tempo no mais absoluto silêncio, dadas as revelações bombásticas que tinham ouvido sobre os presidentes de seus Conselhos. Foi Cosmos quem "quebrou o gelo".

— Amigos, por favor, será que ouvi bem: nossos presidentes de Conselhos nos entregaram para os gigantes e para os homens do Norte?

— Sim, amigo. Agora as informações parciais fazem sentido – disse, desanimado, Preguiça.

— Pois é, eu bem que desconfiava do Bicho-da-Seda – falou, resignado, Bob Leiteiro.

— Linguinha, eu sempre disse que "os sete" não prestavam! – gritou, indignado, Jiquiri.

— E eu ainda aceitei ser espião desses mentirosos! – reclamou, irritado, Caixa D'Água.

— Gente, estou tão surpreso quanto vocês, mas, sinceramente, no fundo, a essa altura do campeonato, não é uma surpresa tão grande assim. Então, vamos por partes. Em primeiro lugar, é bom saber que, dentro da traição de nossos conselheiros, que se acham nossos líderes, ao menos houve um mínimo de bom senso e os portais, a localização de nossas aldeias e, aparentemente, a existência de mais um ou dois povoados Salbris, não foram revelados. Então, eles estão com o poder na cabeça, mas embora não saiba precisar até que ponto, mantém alguma consciência de que nosso povo não pode ficar completamente à mercê dos gigantes ou, ao menos, não tiveram coragem de abrir tanto assim – argumentou, bondosamente, Linguinha.

— Tá bom, Linguinha. Acho que foi falta de coragem, mesmo – retrucou, raivosamente, Jiquiri.

— Tudo bem, amigo, pode ser, até acho mais provável que seja, mas é um fato, independentemente das motivações de Genésio e Bicho-da-Seda. Bom, a segunda coisa é que, até onde percebo, se eles não mentiram sobre a falta de contato com Nova Salbri, caberá a nós fazer um contato mais digno, mas de acordo com as tradições Salbris de tomada de decisão coletiva, solidária e generosa. Aí, tendo-os como aliados, e depois de fazermos o mesmo com o povoado do Leste, se houver, vamos informar Fênix e Lagoa Linda sobre essa traição e reordenar a ação de nossos Conselhos. Todos de acordo? – complementou Linguinha.

— Sim – responderam, quase em uníssono.

As cortinas são fechadas.

ATO VIII – DESENCONTROS E ENCONTROS

Narrador, falando em *off*, enquanto as cortinas são abertas – *Cinco dias se passaram desde que os expedicionários foram surpreendidos com as tristes revelações de que Genésio, presidente do Conselho de Anciãos de Lagoa Linda, e Bicho-da-Seda, presidente do Conselho Livro de Fênix, estavam mais preocupados com o poder do que com os Salbris. O grupo conseguiu chegar a Nova Salbri, mas...*

— O que é isso? A aldeia existe, mas está arrasada! – comentou, espantado, Caixa D'Água.

— Isso, meu caro, é o preço da traição! – atestou, resoluto, Jiquiri.

— Como pode isso? É terrível! Quantos corpos de Salbris espalhados pelo chão! – falou Cosmos, sem acreditar no que via.

— Acho que ainda não estamos com todas as informações possíveis, primo. Ou, então, estamos fazendo uma "leitura" errada da situação – disse Bob Leiteiro.

— Huummm... – resmungou Preguiça.

— Olha aquele fogo, ainda ardendo. Isso só pode significar uma coisa: os gigantes passaram por aqui, e se for isso, temos que ter cuidado, porque ainda podem estar por perto. Proponho, assim, que nos escondamos rapidamente para não sermos vistos. Como já está anoitecendo, amanhã, depois de enterrarmos os mortos, tentamos procurar algum sobrevivente. Vamos para quelas rochas ali. O que acham? – perguntou, mas quase ordenando, Linguinha.

— Vamos lá – concordou Bicho-Preguiça, e foi seguido pelos membros da expedição.

Ao chegarem sãos e salvos nas rochas, montaram acampamento e ficaram de olho na aldeia, para ver se algum gigante retornava. Preguiça retomou o raciocínio, traduzindo o resmungo que dera há pouco.

— Olha, vou falar uma coisa horrível, mas dado o quadro geral, acho que ninguém vai se espantar muito.

Preguiça respirou fundo e soltou a bomba.
— Acho que Genésio e Bicho-da-Seda, ou, pelo menos, um dos dois, entregou a cabeça dos Salbris daqui para aplacar a sede de vingança dos gigantes, em troca apenas da submissão dos povoados do Norte e do Sul. E vou mais longe: talvez eles não tenham mesmo contato com o povoado do Leste e contem conosco para dominá-los, ou para levar os gigantes pra lá que, ao contrário do que pensávamos, podem estar apenas tentando nos seguir. Isso se não entregaram, também, o povo do Leste.

— Cara, que viagem! – exclamou Cosmos.

— É que você se juntou ao grupo agora, amigo. Depois te conto tudo. Olha o espanto, mas também a concordância dos outros. Não digo nem com o quê falei, mas ao menos estão cogitando a hipótese de que minha fala possa corresponder à realidade.

— Eu acredito que isso seja possível – disse Jiquiri, apoiando a fala de Preguiça.

— Alguém discorda?

— Desisto. Acho que não, amigo – lamentou Linguinha, de cabeça baixa. – O que fazemos?

— Sugiro esperarmos o amanhecer, fazer como você disse, e procurar sobreviventes. Se houver, como espero, devemos apurar o que houve e tomar as providências cabíveis. Se não houver, vamos partir logo para o povoado do Leste, antes que, eventualmente, ele também seja destruído. Temos que achar algum vórtice aqui, se houver, e tentar achar um jeito de entrarmos por ele e sairmos perto do povoado do Leste, ou torcer pra isso – respondeu Preguiça.

— Preguiça, vocês não sabem como procurar um vórtice nem como se direcionar dentro dele? – perguntou Cosmos.

— Não... – respondeu Linguinha, antecipando-se. – Há como?

— Sim, tanto num caso como n'outro, sem muitas garantias, mas há. Vou lhes mostrar. Acho que descobri, enquanto vocês estavam viajando e eu estava estudando, é claro. Assim, em minhas pesquisas achei duas possíveis respostas. No primeiro caso, para achar um vórtice, descobri que se pegarmos um objeto de metal, qualquer metal, por exemplo, uma espada, e a aproximarmos de um desses vórtices, ainda que não saibamos que ele existe, o metal irá vibrar, tanto mais quanto mais perto estivermos da área de instabilidade física. Então, podemos sair andando por aí, com uma espada em punho, e esperar que ela vibre. Só que esse método irá tomar muito tempo. Pensando em abreviar essa etapa, continuei minhas pesquisas e descobri algo interessante: os vórtices não surgem, simplesmente, em qualquer lugar. Eles só aparecem onde há uma concentração mínima de determinados minerais, como o ferro, o manganês e o cobre, ou seja, em áreas onde, pelo que tudo indica, há potencial para algum tipo de instabilidade que pode levar a um tipo desconhecido de perturbação eletromagnética (e aqui na Terra, o que é mais espantoso!). Não sei qual, nem como e nem por que, ainda. Continuarei estudando para saber o porquê disso tudo. Mas o fato é que se descobrirmos um veio de minério de ferro, por exemplo, acharemos um local passível de receber um desses vórtices. E a Floresta das Lepitotas é rica em minérios ferrosos. Ainda não descobri por que na nossa floresta esses vórtices aparecem – quem sabe um dia! Uma forma para descobrirmos um depósito de ferro ou cobre ou... enfim, aqui, em Nova Salbri, ou o que resta dela, é procurarmos a casa do ferreiro (quer dizer, torcendo para que o pessoal daqui tenha trabalhado do mesmo modo que nós, o que, neste caso, significa permanecer, o ferreiro, pertinho da fonte de minérios metálicos). Bom, estar perto de uma fonte de um desses minerais não é certeza de termos um vórtice, mas é uma possibilidade; a única que sei, pra falar a verdade. Sobre a segunda questão...

— Ô, Cosmos, respira aí, cara... – disse Linguinha, sorrindo.

— É que quando falo de Física me empolgo – respondeu Cosmos, também sorrindo. – Bom, a segunda questão é mais simples: para nos direcionarmos dentro de um vórtice espaço-temporal, na verdade, não há que fazer, mas vejam, temos que percorrer, na nova dimensão em que estamos, o mesmo espaço, no mesmo tempo que percorreríamos fora dele, na nossa dimensão normal. Quer dizer, para quem está na dimensão alternativa, o tempo passa do mesmo jeito, mas para quem está fora, ele passa muito mais rapidamente. Por quê? Não sei, mas... Para clarear essa ideia: se eu entro num vórtice desses aqui e saio em Lagoa Linda, levarei, no meu trajeto, os mesmos 30 dias de viagem por terra ou 10 por mar, que levaria. Entretanto, ao sair do outro lado do portal, no vórtice que me fará chegar a Lagoa Linda, terei levado, no tempo da dimensão em que vivemos, alguns poucos minutos ou horas, no máximo (até onde sei). O eletromagnetismo do vórtice perturba o espaço-tempo, tanto que talvez possa, talvez (é só teoria), sair antes ou depois do momento em que entrei nele, antes ou depois da minha Era...

— Peraí, Cosmos. Você está falando em um tipo de viagem no tempo? – perguntou Jiquiri.

— Isso mesmo, amigo.

— Chega. Isso é demais pra mim. Não explica mais nada. Basta saber que é possível. Vamos, então, dormir, porque o dia será cheio – disse, confuso, Bob Leiteiro.

Os seis passariam uma noite tranquila. Alternando-se na vigia, nada de grave aconteceu. Em cena, tomam seu café da manhã e saem à procura de sobreviventes.

— Façamos o seguinte – disse Preguiça. – Vamos nos dividir. Um grupo vai à procura de sobreviventes e, o outro, da casa do ferreiro ou de um veio mineral. Nos encontramos por volta do meio-dia, com o sol a pino, aqui mesmo, onde passamos a noite.

— Boa ideia, Preguiça. Eu, Jiquiri e Caixa D'Água vamos procurar sobreviventes. Você, seu primo e Cosmos vão à procura do veio mineral e do vórtice.

— Acho que está bem assim, Linguinha. Vamos, Leiteiro e Cosmos, vamos achar o nosso portal. Ou criá-lo.

O grupo se dividiu, cada um com sua tarefa. As cortinas se fecham para a mudança do cenário: das rochas onde o grupo estava para a casa do ferreiro.

— Cosmos! Cosmos! Corre aqui! Achei o veio de minério de ferro de onde o ferreiro local retirava sua matéria-prima! Será que temos ou podemos criar um vórtice por aqui?

— Boa, Preguiça! Vou ver se tem algum portal já aberto.

Cosmos pegou sua espada e começou a apontar para todas as direções possíveis, ao redor do veio de minério de ferro localizado. Ele foi entrando pela base da montanha que ali havia, pela entrada da mina de onde o ferro era extraído. Mal entrou e, em uma pequena reentrância, antes da primeira curva à esquerda, a espada começou a vibrar.

— Preguiça! Leiteiro! Venham cá! Achei um portal, digo, um local onde, quase que certamente, poderemos abrir um vórtice. Vamos, amigos, vamos criar uma área de instabilidade aqui, porque – estão vendo? – há uma alteração nesta reentrância. Aqui deve ser um portal que está em estado de repouso. Abanem comigo, o mais forte que puderem!

Os três amigos pegaram folhas de bananeira que estavam na entrada da mina e abanaram o mais forte que conseguiram.

— Conseguimos! Conseguimos! – gritou, empolgado, Preguiça.

— Primo, nunca havia lhe visto assim! Está mais animado do que o Cosmos!

— Pois é, Leiteiro, não é meu hábito, mas isso é demaaaiiisss!

— Bom, seguinte... Agora que já sabemos a localização do vórtice de Nova Salbri. Vamos torna-lo estático novamente para ninguém o achar e regressamos ao ponto de encontro, nas rochas, porque tenho certeza de que os rapazes vão achar sobreviventes – vaticinou Cosmos.

— Tomara! – falou Preguiça, sem muita convicção.

As cortinas se fecham para nova mudança de cenário: da casa do ferreiro e da mina de ferro, onde foi achado o vórtice espaço-temporal de Nova Salbri, para a Floresta das Lepitotas, onde estavam sendo procurados sobreviventes do novo massacre dos gigantes.

— Linguinha, acho que vi um movimento naquela caverna na base da montanha, meio escondida por aqueles jatobás. Aliás, lindos, não?

— Bonitos mesmo, Caixa. Vamos chegar mais perto pra ver se tem alguém lá. Se tiver, deve estar muito assustado para aparecer. De repente, até estão achando que nós somos gigantes também, por terem ouvido nossa movimentação. Não concorda, Jiquiri?

— Pode ser, Linguinha. Vamos chegar tranquilos, até porque, depois do reconhecimento que fizemos, aparentemente, não há mais gigantes por aqui. Mas temos que ter cuidado para não esbarrarmos com eles.

Os três se encaminham para a caverna e, ao chegarem, chamam pelos sobreviventes que, imaginam, ainda estão por lá. O que veem de relance os acalma e os anima.

— Amigos Salbris, de Nova Salbri! Amigos! Não temam! Somos Salbris também, embora de outra aldeia, Lagoa Linda, a uns 15 dias de caminhada para o Sul do ponto histórico de encontro! Tem alguém aí? – gritou Linguinha.

— Vocês são Salbris também? – perguntou, hesitante, uma voz, lá de dentro da caverna.

— Sim, pode acreditar! – respondeu Linguinha, com um sorriso de alegria, no que foi acompanhado por Caixa D'Água e Jiquiri.

Dois Salbris arriscaram-se a colocar a cabeça para fora da caverna e, ao verem os lagoalindenses, deram um suspiro de alívio e se mostraram por completo, chamando, inclusive, outros Salbris que por lá também estavam escondidos.

— Lagoa Linda? Onde fica essa aldeia? Eu nem sabia que havia outra aldeia de Salbris. Quer dizer, sabia da migração, óbvio, mas nunca soube que haveria outros sobreviventes da nossa diáspora. Fico muito feliz com isso, quase tanto quanto estou por ainda estar viva. Meu nome é Chiquinha, porque, como vocês veem, sou pequena, dentre os pequenos Salbris (e dá uma risadinha).

— Bom, Chiquinha, Lagoa Linda é o nome da nossa aldeia, descendentes que somos dos Salbris que migraram para o Sul do ponto histórico de encontro. E fique ainda mais feliz porque também há uma terceira aldeia, do pessoal que migrou para o Norte. Só não sabemos se o pessoal que migrou para o Leste sobreviveu. É para lá, inclusive, que vamos. Meu nome é Linguinha e estes são Jiquiri e Caixa D'Água. Conosco, aqui, procurando vórtices espaço-temporais, estão mais três amigos: Bicho-Preguiça, Bob Leiteiro e Cosmos, e daqui a pouco, ao meio-dia, nos encontraremos com eles.

— Uma quarta aldeia Salbri! É muita informação e felicidade para um dia só! Se vocês vão pra lá, permitam que eu vá também, por favor?

— Claro, Chiquinha. Você pode ser a representante de Nova Salbri, afinal, nossa maior missão, além de achar novas fontes d'água para Lagoa Linda, é estabelecer contato com os outros Salbris para, quem sabe, unificarmo-nos novamente. Mas... Poxa vida, já ia me esquecendo... O que você faz aqui, em Nova Salbri, e o que houve?

— Linguinha, foram os gigantes. Não sei como eles nos acharam, mas quando chegaram, foram arrasando a aldeia que, como vê, não é grande, porque poucos de nós, na migração, chegaram aqui, e nunca aumentamos muito a população. Havia poucos Salbris machos e tínhamos medo. Além disso, a comida, nesta parte da floresta, não é abundante, então, nossa população, em termos quantitativos, sempre foi reduzida. Chegamos, no auge, a trezentos e poucos Salbris, mas agora, depois desse novo massacre (esses malditos gigantes não nos deixam em paz!), ocorrido há dois dias, contamos hoje de manhã apenas 195 Salbris. Um terço de nós foi morto (gigantes canalhas!). Quanto a mim, sou uma representante do Conselho de Nova Salbri e, agora, a segunda mais velha do Conselho que sobreviveu. Éramos sete, três morreram. Mas posso ir com vocês, depois de garantir que meu povo está em segurança. Quero muito ser um desses pontos de contato entre nosso povo para unifica-lo novamente. Mas tenho que consulta-los, para ver se eles desejam esse contato, essa reunificação, e se eu posso representa-los na missão. Ah! Sou costureira.

— Vocês decidem no coletivo? Que bom, nós também! Quer dizer, nem tanto, já foi mais, mas ainda há um bom sentido coletivo em Lagoa Linda. Depois a gente explica isso melhor – disse, um tanto triste, Jiquiri.

— Meu amigo, voltaremos a ter esse sentido... Voltaremos... – consolou-o Caixa D'Água.

Chiquinha voltou para dentro da caverna e retornou uma hora depois. Durante esse período, o grupo de Linguinha descansou.

— Linguinha, os Salbris, de Nova Salbri, me autorizaram a ir com vocês e ficaram muito felizes com sua presença, em saber que o grupo do Norte sobreviveu e, mais ainda, com a possibilidade de que o quarto núcleo, do Leste, ser procurado. Mas eles pediram desculpas, achando melhor ficar mais uns dias lá embaixo para ter certeza de que os gigantes não retornarão. Se ficarem aqui, na superfície, poderão chamar a atenção deles, caso ainda estejam por perto. Nós tínhamos água, comida e objetos básicos na caverna, porque sempre achamos que, um dia, os gigantes voltariam.

— Entendemos perfeitamente, Chiquinha. Bem, não temos mais tempo a perder. Vamos procurar nossos amigos e retomar a viagem para o Leste – falou Linguinha.

ATO IX – DE PEIXES E PESCADOS

— Jiquiri, Caixa D'Água, que bom vê-los. Linguinha, nós achamos um vórtice e... Quem é essa aí com vocês?

— Preguiça, essa é Chiquinha, o segundo membro mais velho, dos que sobreviveram, do Conselho de Nova Salbri. Ela se propôs a nos acompanhar como representante do povoado Salbri daqui, do Oeste. E sabe o que é melhor? Quando nos confirmou que iria, só o fez depois de ter ido conversar com os 195 sobreviventes do massacre, entre os pouco mais de 300 Salbris que por aqui moravam e, assim, ter sua aprovação. Quer dizer, Nova Salbri, nesse ponto, é mais parecida conosco, que tentamos cultivar os acordos horizontais, aos comandos verticais, coletiva mesmo, de tomadas de decisão, ao menos naquilo que é mais importante para o conjunto de todos. Acho que, unidas, Lagoa Linda e Nova Salbri poderão se contrapor com mais força à tentativa de centralização do Conselho de Fênix e do nosso.

— Que bom, Linguinha! Mas morreu um terço dos Salbris daqui, Chiquinha?

— Sim, Preguiça. Parece que esse é o número, infelizmente.

— Quando isso vai ter fim? – comentou Caixa D'Água.

— Temo que nunca – complementou, cético, Jiquiri.

— Como começou a animosidade entre nós e os gigantes? Alguém sabe? – perguntou Cosmos.

— Vou contar o que sei – disse Leiteiro.

As cortinas se fecham rapidamente e, ao serem reabertas, enquanto num canto do palco Bob Leiteiro narra a história, sob o olhar atento dos demais membros da expedição, no restante, a história é representada por fantoches. A fala do personagem é ouvida em *off*, no teatro.

Diz a lenda em Fênix que, tal como Jiquiri, houve um tempo em que alguns Salbris eram mais altos, notadamente, uma família de Salbris, que se apresentava mais alta do que o normal, por volta de 1,70 metro a 1,80 metro, e o líder dos gigantes, cuja altura média passa brincando dos 2,50 metros chegando a três metros, era baixi-

nho para os padrões de seu povo: media pouco mais de 2 metros. Pois bem, esse líder se apaixonou por uma das Salbris altas, a mais alta, inclusive, que media, segundo consta, quase 1.90 metro. Mas ao invés de ele cortejá-la com delicadeza, achou por bem, já que era, pelo visto, um tanto autoritário, meio abrutalhado e sem jeito com as fêmeas, conduzi-la à força para a aldeia dos gigantes a fim de desposá-la, achando que ela se sentiria muito honrada em se tornar esposa de um gigante, ainda por cima, do líder deles. A Salbri, é claro, insurgiu-se contra a arbitrariedade, e a coisa piorou depois que o líder soube que nem sequer ela era noiva de outro Salbri, ela simplesmente não o queria, E ficou ainda mais contrariado e irritado depois que sua amada foi resgatada por dois de seus quatro irmãos. Esse líder decidiu se vingar não apenas da Salbri que o rejeitara e de sua família, que a resgatara, mas da aldeia Salbri inteira, tanto pela violência, pura e simples, quanto pela exploração de comida, água e objetos de uso diário. No final das contas, foi tão intensa essa vingança generalizada que, com o tempo, o propósito se perdeu e acabou se sobrepujando ao motivo inicial, constituindo-se numa lógica em si mesma. Os Salbris tentaram negociar quando das primeiras investidas dos gigantes, mostrando a improcedência da ação, mas eles, toscos e violentos, nunca se propuseram a nos ouvir, especialmente porque o líder, de coração partido, não queria nos ouvir. E pagamos por isso até hoje.

— Que coisa! Os desígnios do coração de uns poucos, ou de um, ainda que em muitos momentos egoístas, podem determinar o destino de muitos, por várias gerações! Seria bom se pudéssemos nos prevenir contra isso. Enfim... Bom, vamos lanchar e arrumar nossas coisas para partir amanhã de manhã bem cedo, é o que sugiro.

— Bem pensando, Linguinha. Jantemos e durmamos cedo, porque teremos entre 20 ou 30 dias de caminhada – falou Caixa D'Água.

— Nada! Tá louco! E o vórtice serve pra quê? A caminhada é lá, no tempo normal para nós, mas chegaremos ao destino rapidinho – lembrou Cosmos.

— Verdade, Cosmos! Nem me lembrava disso. De todo modo, acho boa a ideia de jantar, arrumar as coisas e dormir bem! Amanhã de manhã partimos usando o portal.

— Se ninguém for contra, Caixa, é isso o faremos – disse Jiquiri, já pegando a comida para o jantar. Ninguém se opôs.

No dia seguinte, ao acordarem e depois de tomarem café, os agora "sete" viajantes partiram, pouco depois do levante.

— Onde está o nosso vórtice? – perguntou Jiquiri.

— Onde nós achamos que estaria: perto da casa do ferreiro local. Só que temos que subir um pouco a montanha e entrar na mina de minério de ferro. Vamos lá! – disse Cosmos.

— Vamos. Temos que acabar nossa missão o mais rápido que pudermos e voltar logo para Lagoa Linda para termos a chance de derrubar os golpistas do nosso Conselho.

— Como assim, Preguiça? Derrubar o Conselho? – indagou Chiquinha.

Narrador, falando em *off*, enquanto os personagens permanecem, por alguns segundo, no palco – *E Preguiça explicou, rápida e resumidamente, para Chiquinha, o imbróglio em que estavam metidos.*

— Então concordo, Preguiça. Vamos partir. Eu estou animadíssima para ver o povoado do Leste. Poxa! Tomara que ele exista mesmo!

— É, você está animada, mesmo, né, Chiquinha? Mas conte pra gente como era a vida de vocês aqui, em Nova Salbri, antes desse último massacre – disse Preguiça, enquanto o grupo se encaminhava para a mina onde estava localizado o vórtice espaço-temporal pelo qual tentariam se transportar para o povoado do Leste.

— Preguiça, era uma vida muito agradável. Uma característica que, pelo que ouvi das conversas e descrições de vocês, era muito nossa, e que difere de Lagoa Linda e de Fênix: nós nunca chegamos a formar uma aldeia propriamente dita. Sempre vivemos de modo mais disperso: os mais ou menos 300 novosalbrinos faziam suas casas onde queriam e não em um núcleo habitacional. Isso nos dava certo isolamento, é verdade, e hoje constatamos, dificultou a defesa contra os gigantes, mas até então gostávamos, porque também nos dava a paz que tanto buscamos. Também temos, como é tradição do nosso povo, uma praça para trocar coisas e para nossas festas, mas no restante do tempo ficávamos espalhados, salvo no caso de famílias ou amigos mais chegados. Tudo bem, sempre fomos muito festeiros, com média de uma festa a cada 15 dias ou até uma semana (e riu), mas, normalmente, como disse, nos espalhávamos. A vida em Nova Salbri sempre foi muito calma e a base de nossas atividades era agrária, tanto que nossas casas tinham poucos móveis e utensílios, como talheres e outros, pois não havia muitos novosalbrinos que os produzisse. Nosso Conselho e povo pouco se reuniam, porque pouca coisa havia para ser decidida, já que, pelo modo de vida que tínhamos, como lhes exponho, a vida social, embora existente, era secundária em relação à vida familiar. Para nossa desgraça, os gigantes chegaram bem no meio de uma festa, o que facilitou a ação deles e o massacre. Ficaram vivos os que não tinham ido à festa ou quem conseguiu correr para a caverna em que vocês nos acharam, Linguinha.

— Chegamos à mina! Vamos subir praquela abertura, entrar, e aí mostramos pra vocês onde está o portal – disse Cosmos, interrompendo o diálogo.

E Cosmos não apenas mostrou para o grupo a localização do vórtice espaço-temporal como o reativou. Todos por ele passaram.

— Onde estamos?

— Não tenho a menor ideia, Chiquinha. É óbvio que saímos no litoral, mas pode ser em qualquer parte, até perto da nossa Lagoa Linda. Ai, que saudades!

— Linguinha, o litoral fica a Leste do ponto histórico de encontro, não é? Então temos que vasculhar a área porque se algum vórtice foi criado perto do povoado Salbri do Leste, talvez tenhamos saído nele, não lhe parece?

— É mesmo, Cosmos! Bem pensado. Mas, para acelerar a nossa busca, acho que devemos nos dividir: um grupo vai para o Norte e o outro para o Sul. Nos encontramos daqui a dois dias, ao entardecer, lá embaixo, naquele laguinho natural na praia, que as pedras fizeram. Concordam?

Todos assentiram com a ideia de Linguinha que, então, prosseguiu.

— Bom, façamos o seguinte: eu, Caixa D'Água e Jiquiri vamos para o Norte e vocês quatro pro Sul.

— Linguinha, eu gostaria de ir com vocês. Tudo bem? – disse Chiquinha, com um jeitinho um tanto manhoso, que todos perceberam, mas sobre o qual ninguém fez comentário.

— Claro, Chiquinha, pode vir conosco, sim – respondeu Linguinha.

— Partamos agora! – exclamou Preguiça, entusiasmado.

Mas antes de o grupo se dividir, uma visão os reteve onde estavam, no alto de um pequeno penhasco, com a presença da Floresta das Lepitotas ao fundo: um barco que estava atracando naquilo que, então perceberam, era um pequeno píer.

— Vejam só! Quem está descendo do barco são Salbris! São Salbris! Ai, que emoção! Os migrantes do Leste também sobreviveram! Vamos descer pra falar com eles! – pulou, aos brados, Chiquinha.

— Chiquinha, partilho da sua agradável surpresa, mas um pouco de calma é bom. Vamos, primeiro, observar um pouco a cena, ver o que eles vão fazer; aí, então, nos mostramos.

— Concordo, primo – reforçou Preguiça.

— Leiteiro, pra que essa cautela toda? Vou dizer de novo: são Salbris!

— Chiquinha, e se eles não forem, sei lá eu por que, amistosos? E se eles estiverem acertados, de algum modo, com Genésio e Bicho-da-Seda, que podem ter mentido de novo, dizendo que não entraram em contato com eles ou, pior (não creio, mas apesar de horrendo, já nem duvidaria se ocorresse), e se eles tiverem se acertado direto com os próprios gigantes para garantir sua sobrevivência? Infelizmente, temos que nos prevenir.

— Huummm... Sabe, Preguiça, acho que você está certo – disse, resignadamente, Jiquiri.

— Eu, enquanto fêmea, tenho, como sabem, um sexto sentido, que me diz que isso não aconteceu. Gente, não é da índole do povo Salbri esse tipo de coisa: somos grandes por dentro. Um ou outro indivíduo, picado pelo bichinho do poder, pode fazer o que alguns de nossos líderes estão fazendo, segundo o que vocês me contaram, mas o povo, como um todo, não.

— Ah, como eu adoro a poesia que emana das doces palavras proferidas pelas fêmeas!

— Nossa, Cosmos, virou poeta? – disse, rindo, Linguinha.

Chiquinha meio que se "derreteu" com as palavras e lançou para Cosmos, que ruborizou, aquele olharzinho sensual, de rabo de olho, e riu discretamente, o que só o fez ficar ainda mais sem graça.

— Bom, vamos ver pra onde eles estão indo e tentar uma aproximação com cuidado e respeitosa, mas incisiva, porque não temos muito tempo.

— Bem falado, primo. Vamos lá – disse Preguiça.

— Olha, porque não mandamos Preguiça, Linguinha e Chiquinha como emissários? Enquanto isso, Cosmos e Leiteiro podem ir procurar novos vórtices, além deste em que viemos, para que não sejamos apanhados de surpresa se este fechar ou se algum gigante o achar, e eu e Jiquiri vamos procurar novas fontes d'água. Afinal, essa parte da missão ainda não foi contemplada.

— Boa, Caixa, boa – assentiu Linguinha.

— Caixa, se isso lhe serve de consolo, em Nova Salbri não tínhamos muitas fontes d'água – falou Chiquinha.

— Em Fênix também não – completou Leiteiro.

O grupo se dividiu, conforme o proposto por Caixa D'Água. Cosmos e Leiteiro não tiveram dificuldades em achar um novo vórtice, novamente, perto de um veio de minério de ferro.

— Leiteiro, parece que esses vórtices, próximos aos nossos veios de minério de ferro, são, ao menos no momento – e sei lá até quando serão – bastante comuns na Floresta da Lepitotas (aliás, como é grande a nossa floresta, né?). Quando voltarmos pra casa, vou pesquisar esses fenômenos pra ver se descubro o porquê disso. Por agora, acho bom, porque se, por acaso, perdemos a localização de um desses portais e/ou se um deles (ou mais) fechar, nossas chances de acharmos outro aumentam consideravelmente.

— Precisamente, Cosmos. E outra coisa: as chances de termos portais mais próximos aos lugares aonde desejamos ir, por sua vez, também crescem, na razão direta à quantidade de portais que a Natureza está nos ofertando. Vamos regressar para o nosso ponto de encontro, o penhasco?

— Bora, Leiteiro.

Nesse ínterim, Jiquiri e Caixa D'Água procuram por fontes d'água.

— Caixa, o que, exatamente, tenho que procurar?

— Meu amigo, há indícios de que estamos perto de uma fonte d'água. Por exemplo, a vegetação: muitas cactáceas são um mau sinal, ou seja, o clima e, por conseguinte, o solo, podem ser secos ou pouco úmidos. Em sinal contrário, uma vegetação exuberante, ainda que não muito alta, indica boa umidade e, portanto, boa probabilidade de haver na região um ou mais lençóis d'água. Bom, estamos numa floresta com árvores altas e cercada por muitas montanhas, com potenciais para abrigarem muitos mananciais de água, então a possibilidade de termos uma boa quantidade de lençóis freáticos são boas. A preservação da vegetação que fica nas margens dos rios também ajuda a manter o clima sob controle, a manter o rio vivo e o fluxo de águas constante e intenso. Então, podemos buscar se deste lado da floresta há um rio grande, que possa ser, em parte, canalizado para Lagoa Linda, sem prejudicar sua vazão, ou seja, seu fluxo líquido, sem prejudicar a vida local. E isso, também, se estivermos mais ou menos próximos de Lagoa Linda, senão, também não compensa. Outra forma de acharmos água não é, cientificamente falando, por assim dizer, comprovada, mas às vezes parece funcionar. Podemos usar uma forquilha (dizem que a de goiabeira é a melhor), porque há quem ache que a radiestesia funciona.

— Radie... o quê?

— Radiestesia, Jiquiri. Olha, eu sei que, como físico, o Cosmos talvez achasse besteira, mas como disse, às vezes funciona. Radiestesia é a teoria que diz que o movimento das águas gera algumas vibrações magnéticas que podem ser sentidas por pessoas mais sensitivas, em seus músculos. Quando essa pessoa passa por cima de um lençol freático não muito profundo, ela sente essas vibrações. Como disse, de vez em quando funciona. Acho que podemos tentar porque mal não faz. De todo modo, quando acharmos um veio d'água, claro, perto de Lagoa Linda, podemos escavar o que os seres humanos chamam de Poço Artesiano, ou seja, um poço que fará jorrar água por sua boca, assim que encontrarmos um lençol freático.

— Caixa, meu caro, já estou acreditando em tudo. Vamos lá. Pega essa forquilha e vamos procurar um veio d'água superficial, ou subterrâneo. Se bem que, pelo que entendi, o subterrâneo tem que ser perto de Lagoa Linda, né? – falou Jiquiri.

— Isso aí. Vamos para o ponto de encontro para nos encontrar com demais do grupo.

— E rápido, porque Genésio e Bicho-da-Seda são ligeiros – atestou Jiquiri.

Os dois foram atrás de fontes d'água e acharam uma delas. O progresso de Linguinha, Preguiça e Chiquinha também não ficou atrás.

— Olha lá!

— O que foi, Chiquinha?

— Olha lá, Linguinha e Preguiça, lá embaixo! Achamos o povoado do Leste! Achamos o povoado do Leste!

— Calma, Chiquinha – disse Preguiça, com cautela. Lembre-se de que não sabemos se eles já foram contatados, ou se foram e estão do lado de Bicho-da-Seda e de Genésio, ou se estão dispostos a se juntar de novo a nós, depois de pouco mais de um século... Enfim, não sabemos.

— Mas, Preguiça... Eles são Salbris!

— Isso mesmo, somos Salbris também e estamos juntos contra os gigantes, de novo – disse Linguinha.

Preguiça, Chiquinha e Linguinha olharam ao mesmo tempo para trás e viram algo que os deixou exultantes: Cosmos, Caixa D'Água, Leiteiro e Jiquiri, com mais três Salbris, que não conheciam.

— Oi, me chamo Maria Limpeza, porque cuido da limpeza da aldeia Salbri que foi fundada pelo pessoal que migrou para o Leste do grande ponto histórico de encontro. O nome da nossa aldeia é, em homenagem ao Sol e como uma forma de nos dar autoestima, "Levante Salbri". Nossa atividade principal é a pesca em alto-mar, embora também pesquemos nos rios da região. Esses são meus irmãos (e os dois fizeram sinais de saudação com as cabeças). Liga não, eles são meio caladões mesmo. Eles pescam e ficam a maior parte do tempo no mar. Aí, quando vêm pra terra, limpo a sujeira deles (e sorriu).

— Uau! Bom, eu sou Linguinha e sou o organizador das trocas que fazemos na Praça do Troca Tudo. Vocês também trocam as coisas que fazem por aqui?

— Sim, é algo histórico dos Salbris, certo?

— Eu me chamo Bicho-Preguiça. E vocês também têm Conselhos comunitários? O nosso se chama Conselho de Anciãos. Eu sou, inclusive, membro do Conselho de Lagoa Linda, embora seja meio discriminado e esteja me sentindo cada vez mais fora dele.

— Sim, Preguiça, temos um Conselho, o qual chamamos, simplesmente, de Conselho dos Salbris, e sou seu membro mais recente; até por isso, talvez, tenha sido designada para vir aqui, dar nossas boas-vindas a vocês, depois de termos conversado com Cosmos, Caixa D'água e Bob Leiteiro. E saiba: ficamos felicíssimos em saber que os povoados do Norte, Fênix, e do Sul, Lagoa Linda, estão aqui representados.

— Ei, peraí. O povoado de Nova Salbri, do Oeste, também está aqui. Chamo-me Chiquinha e sou do Conselho de lá. Bom, ao menos do que restou depois do novo massacre dos gigantes, que dizimou quase 1/3 de nossa população. Malditos gigantes!

— Oi, Chiquinha, queira desculpar a minha falha. Bem-vinda, também, é claro. Caixa D'Água já me adiantou a missão de vocês e de como as lideranças de seus conselheiros estão mais preocupadas em disputar o poder do que em salvar nossas aldeias do retorno da ameaça dos gigantes. Eles também passaram por aqui faz uns três dias. Mas a questão é que nós, por conta da pescaria, fundamos dois povoados, ou melhor, dividimos Levante: uma parte ficou escondida nesta pequena baía, com acesso exclusivamente por mar e por uma pequena passagem, por onde os gigantes não passam; a outra parte, mais pra perto da Floresta das Lepitotas, foi a parte que os gigantes tiveram acesso e aprisionaram vários de nós. Felizmente, poucos foram mortos, mas de todo modo, não somos muitos mesmo; no auge, nunca passamos de 200 e, hoje, somos pouco mais de 150 Salbris.

— O mesmo aconteceu com parte, embora pequena, de Nova Salbri. A maior parte foi morta, mas uma pequena parte foi aprisionada – disse Chiquinha.

— Pois é. Nós chegamos a pensar em tentar resgatá-los e sabemos, até, onde estão.

— Onde, Limpeza?

— Chiquinha, eles estão, por infelicidade nossa, perto do ponto histórico de encontro. Os gigantes descobriram onde era e acho que, de propósito, os levaram para lá.

— Será possível tentar salvá-los, Limpeza?

— Acho que sim, Jiquiri, porque a maior parte dos gigantes ainda está na terra deles. Não sei bem onde é, mas sei que fica a uns 60 dias de viagem – a passos largos! E como o emissário deles partiu a menos de 15 dias, ainda temos uns 45 dias, no mínimo, até que eles voltem. Se bem que, no passo deles, devem levar um pouco menos de tempo, né?

— Olha, que tal se nós usássemos um dos portais?

— Linguinha, seu amigo Cosmos nos explicou o que são e porque nós não os conhecíamos. Nem sabemos onde eles existem. Mas como ele também explicou como procurar, podemos...

— Eu já achei um – disse Cosmos.

— Onde?

— Ali, Limpeza, perto da base do penhasco.

— Bom, então vamos para o ponto de encontro? – propôs Preguiça.

— Espero que sim. E eu vou com vocês – respondeu Limpeza. Levante tem que estar representada nessa missão. Meus irmãos avisarão o restante da aldeia e o Conselho (os irmãos fazem um sinal de positivo com a cabeça e saem imediatamente) que fui com vocês e que, em breve, reuniremos nosso povo. Vou consultar os demais Salbris. Afinal, somos grandes por dentro, não somos?

ATO X – O PREÇO DE UM RESGATE

— Chegamos? – perguntou Maria Limpeza.

— Bom, querida... Em algum lugar, chegamos. Onde? Vamos ver, exatamente – respondeu Bob Leiteiro.

— Leiteiro, dá uma olhada ali, no meio daquelas árvores. O que é aquilo?

— Sei não, primo. Parece...

— Shhhh! Vocês não estão vendo mesmo? Parece uma barraca e é bem grande, porque é grande a essa distância toda. Então, gente, acho que deu certo: chegamos perto do posto avançado dos gigantes. Garanto que se esperarmos aqui, paradinhos, por um tempinho, logo, logo veremos algum deles saindo ou entrando do meio daquelas árvores. Ou, então, uns dois de nós podemos ir lá perto para verificar – falou Linguinha.

— Olha, voto por esperarmos aqui mesmo. Andar por aí sem ter certeza do que vamos encontrar é perigoso e... – Preguiça foi interrompido.

— Shhhh! Quietos. Não precisamos descer. Olhem! E falem baixo – disse Maria Limpeza.

Quando o grupo olha para baixo do vale, vê dois gigantes retornando do que talvez fosse uma patrulha pela Floresta das Lepitotas.

— Vocês viram isso! Eles estão aqui! Eles estão aqui! Malditos!

— Calma, Chiquinha, não adianta se enervar. Aliás, é até pior. Temos que manter a calma para podermos libertar nossos irmãos do Leste, que devem estar lá por baixo, no acampamento deles, e, ao mesmo tempo, não sermos apanhados. Quem sabe a gente não acha, também, prisioneiros de Nova Salbri?

— É, eu sei. Você está certo, Caixa. Mas é que mal consigo disfarçar a raiva que tenho desses pestes. Se eu pudesse...

— Desculpa te interromper, Chiquinha, mas vocês estão vendo uma pequena trilha, perto daquele riachinho? – perguntou Caixa D'Água.

— Bem observado, Caixa. Podemos seguir por ali pra descer a montanha e pelas reentrâncias do rio, esgueirando-nos e, depois, pelo meio das árvores – complementou Maria Limpeza.

— Acho que essa é uma providência razoavelmente segura. Alguém tem alguma ideia melhor?

— Preguiça, também acho bom, mas ao chegarmos lá embaixo, faremos o quê?

— Leiteiro, talvez possamos criar algum tipo de distração para os gigantes. Metade de nós os distrai e a outra metade liberta os prisioneiros.

— Boa, Cosmos. Mas muito cuidado, claro. Só que, em primeiro lugar, temos que saber qual distração atrairá a atenção dos gigantes e, em segundo lugar, mas não menos importante, temos que saber onde estão os coirmãos Salbris, porque temos que ir direto ao lugar para não ficar rodando no meio dos outros gigantes que, certamente, ficarão de guarda.

— Verdade, Linguinha, não tinha me dado conta disso. Como saber esse lugar?

— Vamos ver... Eu e Jiquiri podemos ir lá descobrir essa informação e, enquanto isso, vocês ficam aqui pensando na distração. Concordam?

— Sim, Linguinha. Podem ir. Tudo bem, Jiquiri?

— Tudo bem, Preguiça. Vamos lá, compadre, vamos ver nossos irmãos.

Linguinha e Jiquiri percorrem a pequena trilha em direção ao acampamento dos gigantes. Os demais, conforme combinado, discutem qual distração proporcionarão aos gigantes.

— Jiquiri, por sorte o acampamento não é grande e há poucos gigantes por aqui. Devem ser apenas os batedores, que vieram negociar com Genésio e Bicho-da-Seda. Veja só, aquela cabana, bem no centro das outras e toda fechada, deve ser ali que o nosso pessoal está. Vamos tentar chegar mais perto só para termos certeza.

— Vamos.

Eles se encaminham para o que parece ser a prisão dos Salbris do Leste.

— Ei, tem algum Salbri aqui dentro? – perguntou, sussurrando, Jiquiri.

— Tem sim. Quem são vocês?

— Somos Salbris das outras aldeias, Sul, Norte e Oeste. Viemos resgatar vocês – disse Jiquiri.

— Aldeias Salbris no Sul, Norte e Oeste! Uau!

— Sim, é empolgante, mas não há tempo para explicações agora. Por enquanto, nós só queríamos ter certeza de que vocês estavam aqui. Aguarde que estamos, nós e nosso grupo, preparando uma distração para os gigantes e aí libertaremos vocês, se tudo correr bem. Agora temos que ir. Esperem – sussurrou, também, Linguinha.

— Certo, mas não demorem, por favor.

Enquanto isso...

— Como distrairemos os gigantes? – perguntou Cosmos.

— Não tenho a menor ideia! – exclamou Caixa D'Água.

— Talvez pudéssemos, ao invés de distrair, fazer uma investida rápida e resgatar nossos irmãos.

— Ah, claro, Leiteiro, e eu e você, com a idade em que estamos, e o Caixa D'Água, com essa barriguinha proeminente, vamos correr muito mesmo, né? – lembrou Preguiça.

— É, não dá não – concordou Leiteiro, rindo da própria ideia maluca, junto aos outros.

— E se nós roubássemos alguns explosivos deles e os explodíssemos na praia? Certamente, eles iriam ver o que aconteceu. Eles são cinco. Vamos torcer para que pelo menos três deles saiam para fazer essa verificação... – ia dizendo Chiquinha.

— E se pudéssemos abrir um novo vórtice por aqui, quem sabe não poderíamos resgatar os Salbris e fugir por esse portal antes que os gigantes sequer soubessem o que aconteceu? – complementou Maria Limpeza.

— Isso, amiga! – E se deram as mãos.

— É a força da fêmea Salbri mostrando seu valor! – elogiou Preguiça. É só esperar Linguinha e Jiquiri voltarem para ver se o plano poderá se concretizar.

Nesse momento, chegam Linguinha e Jiquiri.

— Eles estão numa cabana fechada, no meio das cabanas dos cinco gigantes batedores que lá estão – relatou Jiquiri.

Preguiça lhes explicou a ideia de Chiquinha e Maria Limpeza e, constatando a viabilidade de sua operação, traçaram os planos de batalha.

— Gente, alguém viu o Cosmos por aí? – perguntou Leiteiro.

— Estou aqui mesmo – respondeu Cosmos, vindo de dentro da floresta, que termina quase na beira do penhasco onde estavam.

— Onde você foi, cara? – perguntou Caixa D'Água.

— Eu? Ora, o plano não é fugir por um vórtice? Então, já achei um. Temos que sair do local onde estão acampados e conseguir andar por 1 km. É o melhor que pude fazer.

— Então, tá. Façamos assim: deixamos anoitecer e depois que eles forem dormir fazemos a explosão na praia. Mas ainda temos que roubar os explosivos.

— Precisa, não, Leiteiro, já entendi o plano. Mas não sei se por intuição, peguei um saco de pólvora que estava perto da cabana central, onde estão os Salbris. Podemos fabricar uns explosivos com o que nos resta de material que trouxemos de Lagoa Linda, não é? Cosmos, é suficiente? – perguntou Linguinha.

— Sim, Linguinha, é suficiente. Dá pra brincar de bombinha (e riu).

— Agora, enquanto Cosmos faz os explosivos, vamos comer alguma coisa? – perguntou Caixa D'Água. Chiquinha, você ajuda o Cosmos? – e deu uma piscadinha para ele.

Jiquiri, o chefe oficial da expedição, foi fazer o almoço, com a ajuda de Maria Limpeza, enquanto Chiquinha e Linguinha foram ajudar Cosmos na confecção dos explosivos. Leiteiro e Preguiça, os mais velhos, foram descansar e repassar os planos. Fecham-se as cortinas.

ATO XI – DAVI X GOLIAS: UM NOVO RECOMEÇO!

— O que foi isso? – perguntou um dos gigantes, aquele mesmo, que se achava o líder do grupo.

— Foi uma explosão para os lados da praia – disse o outro que vivia contestando o que se achava líder.

— Vamos lá ver isso. Eu, você e você. Você fez uma ronda no perímetro. Fica só você de guarda. Se alguém aparecer por aqui, dá o sinal.

Narrador, em *off* – *De noite e com o acampamento vigiado por apenas um único gigante, que, inclusive, dormiu em sua vigília, ficou fácil para Jiquiri, Linguinha e Cosmos abrirem um pequeno rasgo na tenda, por onde saíram quase 300 Salbris. Posteriormente, ficaram sabendo que eram Salbris de "Levante Salbri" (o povoamento do Leste) em sua maioria, mas que havia, também, alguns moradores de "Nova Salbri" (o povoamento do Oeste), que havia sido massacrada havia poucos dias.*

— Silêncio, irmãos, silêncio. Somos muitos, muitos mais do que imaginávamos, mas muito menos do que gostaria, é verdade. De todo modo, temos que andar mais ou menos por 1 km até a salvação. – disse Linguinha.

Narrador, em *off* – *Não é fácil fazer com que quase 300 Salbris fiquem todos quietos ou, ao menos, com que consigam andar por 1 km no mais completo silêncio. Isso posto, o burburinho de fundo acordou o gigante que ficara de vigia. Felizmente, já quando os últimos Salbris haviam saído da tenda onde estavam aprisionados, mas, infelizmente, a tempo de se mostrarem, esses últimos foragidos, ao impávido e, agora, desperto, gigante.*

— Ei, vocês aí, escória Salbri, voltem já para a tenda!

Jiquiri, que ficara para cobrir a retaguarda, não pensou duas vezes e partiu para cima do gigante, acordado, mas ainda um tanto sonolento.

— Chega! Vocês não vão mais mandar em nós! Nunca mais!

Jiquiri pulou no pescoço do gigante antes que este pudesse esboçar reação, e passando o braço forte ao redor de seu pescoço, começou a sufocá-lo.

— Cosmos, leva o pessoal para o portal para encontrar com o nosso grupo e vai orientando a fuga. Eu vou ajudar o Jiquiri.

— Certo, Linguinha. Vamos esperar por vocês. Boa sorte!

Enquanto dá a "gravata" no gigante, que tenta desesperadamente se livrar dos pequenos, porém fortes, braços de Jiquiri, Linguinha, ao chegar, começa a socar a barriga do gigante para forçá-lo a aceitar o seu destino.

— Vai, Jiquiri, aperta mais forte e vamos encontrar o pessoal!

O gigante, finalmente, cai inerte no chão e é amarrado e amordaçado. Jiquiri e Linguinha, exaustos, abraçam-se pela vitória e param por alguns segundos para se recuperarem do esforço. Pausa que foi abreviada porque ouviram as vozes dos demais gigantes chegando ao acampamento. Os dois saem correndo, o mais silenciosamente possível, para encontrar o grupo de Salbris em fuga.

— Quem ou o que terá provocado a estranha explosão? – perguntou um gigante.

— Sei lá... pode ter sido... êpa! O que é isso? – perguntou o gigante que se achava líder.

Os quatro gigantes que retornaram da praia, onde viram o local da explosão, mas não viram quem a provocou, tinham descoberto os responsáveis.

— Nosso vigia sumiu? Morreu?! E os Salbris?

— Fugiram! Os Salbris fugiram!

— A explosão foi para nos distrair. Caímos como otários. O rei vai nos matar!

— Vamos deixar de lamentações e procurar esses pequenos cretinos. Se não os acharmos, inventamos uma história qualquer. Agora, vamos!

Narrador em *off*, enquanto os personagens dos gigantes andam pelo palco – *E os gigantes foram no encalço dos foragidos Salbris. E eles buscaram, buscaram, buscaram... a noite toda, mas como os pequenos já haviam passado pelo vórtice espaço-temporal,* que os gigantes não conheciam, nunca descobriram ou entenderam como 300 Salbris, por menores que fossem, simplesmente sumiram na mata e na praia. Com o dia já claro, os gigantes desistiriam da procura e foram ter com os emissários de seu rei, que já estavam para chegar, pensando no que falar.

— Onde estamos?

— Chiquinha e Maria Limpeza, apresento a vocês duas uma das mais belas cachoeiras da Floresta das Lepitotas: a Cachoeira da Neves. Nós a chamamos assim porque ela nos lembra uma pequena tempestade de neve, coisa raríssima por estas bandas. Por isso, a cachoeira se tornou a nossa nevasca.

— É linda, Preguiça. Isso quer dizer que estamos próximos à Lagoa Linda? Ai, que emoção!

— Pois é, Limpeza, já, já, vamos chegar.

— Sua casa é aqui perto, Cosmos? – perguntou Chiquinha, de novo com aquele olharzinho sapeca de fêmea apaixonada.

— É sim, Chiquinha. E meu laboratório de pesquisa também fica lá. Se você quiser conhecê-lo... – Arriscou o tímido Cosmos.

— Claro, assim que pudermos. Também fazia algumas experiências em Nova Salbri... – E olha de novo para Cosmos, que ruboriza uma vez mais.

— Tá bom, gente, desculpa interromper, mas ainda temos que chegar em casa e preparar três missões, concomitantemente: achar novas fontes d'água, contar aos lagoalindenses sobre a atuação do Conselho e preparar Lagoa Linda para receber os irmãos Salbris que desejarem vir de Nova Salbri, de Levante Salbri e de Fênix.

— Perfeito, Linguinha. Vamos lá – disse Jiquiri.

— De Fênix eu cuido, Linguinha – falou, de modo enfático, Leiteiro.

— Sobre as fontes d'água, gente, tenho uma ou duas coisas pra esclarecer. Eu já andava procurando alternativas e, agora, o que temos que fazer é confirmar o que eu, e Cosmos, (não é Cosmos?) já tínhamos pesquisado, inclusive, antes de toda essa confusão. Quer falar ou eu falo, Cosmos?

— Falo rapidamente. Há uma caverna, que parece ser enorme, e que pode tanto abrigar um novo núcleo populacional quanto ter, em si mesma, água.

— Onde isso?

— Não muito longe daqui, Linguinha. Pode ser, inclusive, o lençol freático que abastece a nascente da Cachoeira das Neves.

— Uau, Caixa! Isso é sensacional. E quer dizer que, além de poder ser o nosso manancial de águas, ainda pode nos abrigar e proteger?

— Isso, Linguinha.

Narrador, falando em *off* – *O grupo chegou em Lagoa Linda e foi vivamente saudado, e depois de irem pra casa, matar as saudades da família, tomar um banho e comer uma lauta refeição, dirigiu-se para a Praça do Troca Tudo, para onde o grupo convocou um "Conselho dos Salbris", com a pauta única de prestação de contas da viagem. Linguinha, é claro, iniciou os trabalhos. A comitiva estava toda reunida, exceto Jiquiri e Cosmos.*

— Boa gente de Lagoa Linda, temos notícias ruins e maravilhosas. Tentarei ser breve.

— Breve? Você? Difícil, hein! – gritou um dos Salbris que estava perto do palco de onde Linguinha, com sua espécie de megafone, organizava as ações na Praça do Troca Tudo, e os demais caíram na gargalhada.

— Pois é, mas vou tentar – respondeu Linguinha, também rindo.

— A primeira boa notícia é que, embora nem todos soubessem, estávamos com alguns potenciais problemas em relação às nossas fontes d'água, mas já achamos outro manancial, o qual, inclusive, está num lugar que poderá receber a nova aldeia de Lagoa Linda, que construiremos, se todos concordarem, claro. Já, já voltaremos a esse assunto, com detalhes. Então, a primeira boa notícia é que não teremos falta d'água como poderíamos ter em futuro próximo.

Narrador, falando em *off* – *Pausa e burburinhos no meio dos Salbris. Linguinha, em sua experiência, sabia que as coisas têm que ser ditas aos poucos para que sejam absorvidas e, às vezes, essas pausas nem precisam ser muito grandes.*

— Eu disse que esse lugar, que é uma grande caverna, poderá abrigar nossa nova aldeia, se todos vocês concordarem, e isso se deve a dois fatos, um bom e um ruim. O ruim é que, peço muita calma, toda calma que puderem: os gigantes voltaram e estão a nos procurar por aí.

Narrador, falando em *off* – *Nova pausa e, dessa vez, o burburinho foi maior, claro. Mas, novamente por experiência, Linguinha não deixou o tumulto se instalar, ao retomar, rapidamente, a palavra, no potente megafone que usava.*

— Eu sei, eu sei, amigos e amigas, é grave, mas há coisas boas também e que, tenho certeza, anularão essa péssima notícia. Vejam, a boa notícia é o segundo motivo pelo qual iremos, se concordarem, nos mudar: achamos as aldeias Salbris do Norte, do Oeste e do Leste, do ponto central de encontro, a partir da grande migração há pouco mais de 100 anos.

Narrador, falando em *off* – *De burburinho, passou a multidão à euforia e, novamente, Linguinha interveio rapidamente.*

— Nós os achamos. A aldeia de Nova Salbri, do Oeste, sofreu ataque dos gigantes e muitos foram mortos, mas a maior parte está escondida (os que sobreviveram ao ataque e os que libertamos, posteriormente), aguardando o nosso contato, e aqui está Chiquinha, do Conselho de Nova Salbri e sua representante. A aldeia de Levante Salbri, do Leste, foi igualmente atacada e muitos foram aprisionados, mas os libertamos também; era a menor aldeia e também estão aguardando o nosso contato; a representante deles, também do Conselho de lá, está aqui. Levante-se Maria Limpeza, por favor. Por fim, mas não menos importante, eis o representante da aldeia do Norte, chamada Fênix, Bob Leiteiro, que faz parte do Conselho de Fênix e é primo do nosso Bicho-Preguiça; essa aldeia não foi atacada pelos gigantes. A ideia é que reunamos de novo o povo Salbri e que todos venham morar na enorme caverna e em seus arredores e que, repito, já achamos e vamos explicar o porquê de ela ser um lugar tão especial, além das fontes d'água. Claro, vocês têm que concordar, e os Salbris de lá também, porque essa ainda é uma proposta do nosso grupo. Proponho que daqui a dois dias, para que vocês tenham tempo para pensar um pouco sobre tantas novidades, coloquemos essa proposta em votação.

Linguinha, de pausa em pausa, vai deixando as informações terem um mínimo de maturação no meio da multidão, que as vai comentando.

— Vejam, outra má notícia diz respeito a Genésio e Janzol, que estão chegando agora e se aproximando do tablado. Eu estava esperando pra ver se eles chegavam, porque não falaria o que preciso pelas costas deles, já que os envolve diretamente. Eles, junto ao Bicho-da-Seda, presidente do Conselho de Fênix, pretendiam, sem consultar vocês, contrariando nossa tradição de decisão coletiva, unificar, como estamos propondo, as aldeias, mas sob o comando deles e de seus amigos nos respectivos Conselhos. Tanto que – e isso é o grave da história – eles entregaram aos gigantes, em associação com os homens do Norte e não do Sul, que são nossos amigos, a localização de Nova Salbri, a aldeia do Oeste – e lembrem-se de que falei que quase um terço dos Salbris de lá foram mortos –, e talvez tenham entregado, também, a do Leste, a aldeia de Levante Salbri, para aplacar a sanha de vingança dos gigantes. Pelo que trataram, eles seriam os negociadores que iriam salvar esses Salbris e os do Norte e do Sul, ou seja, daqui, de Lagoa Linda, e os sobreviventes do Oeste e do Leste. Sairiam como heróis e passariam a entregar, pacificamente, víveres, instrumentos e riquezas aos gigantes, como antigamente.

Nesse momento, o burburinho se tornou fúria, porque Linguinha tinha total credibilidade perante a comunidade lagoalindense, mais do que qualquer membro do Conselho, ainda mais com seus seis companheiros ratificando cada palavra que ele disse.

— Calma, meu povo, irmãos lagoalindenses. Linguinha e os demais da expedição estão confusos quanto a uma ou duas coisas que aconteceram na viagem. Eles devem ter entendido umas tantas coisas de modo equivocado – falou Janzol, pegando o megafone das mãos de Linguinha.

— Certamente. Nós podemos explicar tudo e vocês verão que... – ia dizendo Genésio, quando, subitamente, os Salbris olharam para a esquerda e viram...

— O que é aquilo? – disse um.

— Eu acho que é... é um gigante! Mas está preso!

Jiquiri e Cosmos traziam um gigante, todo amarrado e carregado em uma carroça. Cosmos retirou a mordaça da boca do prisioneiro.

— Fala, agora, miserável! – gritou Jiquiri. Podem deixar, amigos Salbris, porque ele estava vendado e sedado, não viu como chegarmos aqui. Nós conseguimos aprisiona-lo quando ele se desgarrou do grupo e ficou um tanto embriagado. Então nós o sedamos e ei-lo aqui.

— Só se vocês cumprirem, em público, a palavra que empenharam a mim, ou seja, que me soltarão depois d'eu falar – gritou de volta o gigante.

— Nós prometemos que vamos soltá-lo, longe daqui, de onde sairá vendado e sedado, é claro, se contar o que sabe sobre os nossos Conselhos – falou em alto e bom som, Cosmos.

— Esses dois aí, mais um lá da aldeia do Norte, fecharam um acordo com meu rei para que vocês voltassem a nos fornecer as coisas que queremos, em troca de fingirem um acordo para dominarem as duas aldeias. Agora me deixem ir embora!

Os lamentos de uns se misturaram à raiva de outros, e Genésio e Janzol, sem saberem o que dizer ou fazer, já estavam assustados, achando que poderiam ser linchados, quando Linguinha interveio.

— Salbris, o que Genésio, Janzol, seus cinco discípulos do Conselho de Anciãos, junto com Bicho-da-Seda e seus parceiros, do Conselho de Nova Salbri, fizeram foi realmente odioso, mas não vamos fazer nada de que nos envergonhemos mais tarde. Proponho que eles sejam destituídos do Conselho e que sejam exilados por, no mínimo, dois anos, juntos com os outros cinco conselheiros que lhes seguem as ordens, valendo o mesmo para o pessoal de Fênix que participou da tramoia. Podem até ficar perto da aldeia, por segurança, a mesma que negaram para alguns de nós, mas sem contato diário e constante, e que elejamos outros, aliás, outro Conselho, assim que, se aprovada a vinda dos demais irmãos, eles venham para unificar o povo Salbri novamente. Sugiro que chamemos o novo Conselho, simplesmente, de "Conselho dos Salbris". Por enquanto, vamos deixar que Genésio e os demais reflitam sobre o mal que estavam fazendo e lhes dar uma chance de se redimirem em futuro próximo ou de viverem marginais à cultura Salbri. Ah! E mesmo depois de elegermos o novo Conselho, temos que procurar não esquecer a importância das deliberações coletivas e de que a opinião de um é tão importante quanto a opinião dos outros e de todos. Não podemos deixar essa riqueza coletiva se esvair como as nuvens no céu.

— Jiquiri, coordena um pequeno grupo para sedar essa coisa nojenta gigantesca e o retire daqui. Leve-o para muito, mas muito longe daqui. Use aquela nossa descoberta e volte por ela. Entendeu?

— Entendi, sim, Preguiça. Boa ideia, pode deixar. Vamos coisa grande e nojenta.

E Jiquiri e mais três Salbris levaram o gigante para bem longe.

— Meus caros Salbris – disse, rapidamente, Preguiça. – De tudo isso, uma única coisa eu já sabia há cinco anos: da existência de Nova Salbri, porque conheci meu primo, Bob Leiteiro, em um retiro que fiz, na Floresta das Lepitotas, mas não contei nada a pedido de Genésio e Janzol. Errei e estou aqui, perante todos vocês, para lhes pedir desculpas.

Após novo burburinho, uns tantos Salbris começaram a aplaudir Bicho-Preguiça e estes aplausos foram aumentando. Preguiça ficou emocionado e pensou (ouve-se a voz do ator que representa Preguiça, em *off*: "É, somos grandes mesmos").

— Cosmos, você explica para o pessoal o que são os vórtices espaço-temporais e como os usamos?

— Claro, Leiteiro. Gente, é o seguinte: descobri, há tempos, depois de ter ido estudar por um tempo junto aos homens, mais ao Sul (esses são boas pessoas), o que chamamos de "vórtices espaço-temporais", que são portais por onde podemos viajar e...

E Cosmos falou sobre os portais. Em cena, enquanto ele gesticula, explicando os portais, as cortinas vão se fechando.

Narrador, falando em *off*, enquanto as cortinas são novamente abertas – *Linguinha começa a esclarecer a questão das águas, através de algumas explicações de Cosmos e Caixa D'Água na Praça do Troca Tudo, para que os Salbris entendam o problema e explorem seus mananciais, preservando-os, e também para que percebam a importância de construírem, novamente, a aldeia de Lagoa Linda, na caverna que haviam localizado.*

— Meus irmãos Salbris, como dissemos há pouco, estávamos sob ameaça de ter problemas no abastecimento de água em Lagoa Linda, mas isso também foi revolvido. Vamos ouvir os nossos amigos Caixa D'Água e Cosmos, que explicarão não apenas como a questão foi resolvida, como também lhes dará uma pequena aula sobre o que se passa com nossas fontes de água e o que precisamos fazer para não termos mais esse tipo de problema ou, ao menos, para minorá-lo. Caixa, Cosmos, mandem brasa.

O primeiro a falar foi Caixa D'Água e sua fala foi sendo complementada por Cosmos.

— Obrigado, Linguinha. Gente, caverna ou gruta é toda e qualquer cavidade natural nas rochas, que apresentam aberturas suficientes para que possamos ter acesso a elas, que formam galerias e salões, os quais podem ser percorridos por lavas de vulcão, pelas águas subterrâneas ou mesmo por nós. Cavernas podem ser facilmente encontradas em terrenos formados por rochas sedimentares, originadas de erosão ou de lixiviação, ou seja, da extração de componentes sólidos pela ação das águas e seu transporte para áreas distantes da rocha originalmente erodida ou pelo transporte de húmus do solo, que é o resultado da decomposição de matéria orgânica dissolvida pelas águas, superficiais ou subterrâneas, embora também possam ser encontradas em locais com rochas ígneas ou eruptivas ou magmáticas (de origem vulcânica) e metamórficas (rochas que se transformaram em outras). O nome que os homens dão ao estudo das cavernas e que eu e Cosmos assumimos como nosso é Espeleologia. Cavernas podem ser, ainda: 1 – primárias: são aquelas cuja formação coincide com a formação das rochas que as abrigas e 2 – secundárias: quando ela se forma posteriormente às rochas que as abriga. As grutas, em geral, são originárias de processos geológicos bastante complexos que envolvem várias combinações de transformações químicas, físicas, biológicas, tectônicas (quer dizer, vindas dos movimentos dos blocos rochosos de que é formado o nosso planeta) e mesmo por influências atmosféricas. As cavidades submersas nos oceanos são abismos ou fendas que podem atingir profundidades enormes, tanto que, muitas vezes, nem chegamos a saber, precisamente, sua profundidade real. Suspeitamos disso por dedução, já que existem algumas que podem ser atingidas por mergulho. Até onde sabemos, a origem dessas cavernas marinhas no assoalho dos oceanos vem do tectonismo. A erosão mecânica das ondas, contudo, pode ter aberto algumas cavernas que vemos em alguns litorais, como a que vimos no paredão, que ajudava a esconder "Levante Salbri", e como as que achamos aqui perto e que, espero, vai nos abrigar (já falaremos disso). Rebaixamentos ou aumentos das placas tectônicas do assoalho marinho podem formar cavernas também, tanto quanto acontece em terra firme.

Nesse momento, Cosmos intervém na explicação.

— Caixa, deixa eu fazer um pequeno acréscimo à sua explanação. Pessoal, a partir do que Caixa D'Água falou, podemos ter cavernas vulcânicas, que ocorrem a partir do escoamento de lavas de vulcão, quando elas param de "correr", formando o que chamamos de "tubos de lavas" (as galerias mencionadas pelo Caixa). Terremotos também podem formar cavernas. Lembram-se dos dois grandes terremotos, que acabaram com o istmo que ligava o continente à península/ilha em que vivíamos? Esses terremotos podem causar fissuras no solo e, com isso, formar cavernas. A ação das águas subterrâneas em suas corredeiras internas à crosta também escavam as rochas e originam cavernas. Segue daí, Caixa.

Caixa D'Água voltou a falar.

— Então, há uma caverna num lugar que os humanos frequentam. Até onde sei, essa caverna está localizada num lugar que eles chamam de Havaí e tem pouco mais de 65.000 mil km de extensão e 1.000 metros ou 1 km de profundidade! Vejam só! E cavernas podem ser formadas, como dissemos, por ação vulcânica ou por ação das águas, mas também existem cavernas formadas pela morte dos corais que, como vocês sabem, são seres vivos, como os que temos aqui, no atol de frente à Pedra da Itapuca. Uma vez litificados, ou seja, transformados em rochas depois de mortos e calcificados, quer dizer, transformados em cálcio, os corais podem apresentar formações cavernosas. Litificação, para quem não sabe, explico de novo, é a conversão de sedimentos (resultado da erosão das rochas existentes) em novas rochas consolidadas, normalmente, pela própria pressão (ou seja, pelo peso exercido) que as camadas mais externas exercem sobre as camadas mais internas. Há outras cavernas que são formadas pela dissolução de águas (pela chuva ou pelos rios), em processo que se chama Carstificação; essas são as cavernas cársticas, porque se formam em terrenos cársticos, que são solos e rochas facilmente solúveis em água. Cavernas de colapso são outro tipo de cavidade, que pode ocorrer quando uma camada solúvel abaixo de uma camada de granito ou arenito, por exemplo, é dissolvida e remove a sustentação das camadas superiores. As fraturas resultantes dos dois processos podem, eventualmente, atingir grandes dimensões, e quando se estendem até a superfície permitem a visitação dessas cavernas.

Linguinha pegou a palavra.

— Pois é... E é, exatamente, em uma dessas grandes fraturas que estamos propondo que moraremos, todos nós, todos os Salbris, reunidos novamente. O terreno é antigo e está consolidado. Não há perigo. Achamos uma grande caverna não muito longe daqui, que possui uma grande saída para o mar, ou seja, possivelmente, é uma caverna de origem marinha, mas cuja entrada é disfarçada por muitas e enormes árvores. Existem, também, duas entradas laterais na montanha, disfarçadas igualmente, mas de todo modo, pequenas demais, creio, para que um gigante possa entrar. Acho que, assim, possamos ficar livres desses desgraçados de uma vez por todas ou, na pior das hipóteses, dá pra gente se defender melhor.

Ouvem-se gritos e aplausos de alívio. Cosmos retomou a palavra.

— Se essas fissuras rochosas, ou seja, se essas cavernas, resultantes da ação das águas, de terremotos ou de vulcanismo, estão, total ou parcialmente, abaixo do nível freático, a água pode aumentar ainda mais a caverna por erosão mecânica, que é um efeito físico, mas não por dissolução química. Cavernas desse tipo são muito estáveis e, em geral, originam-se de processos geológicos mais antigos do que as cavernas por dissolução química. Em relação ao perfil do terreno, as cavernas podem ser classificadas como predominantemente horizontais, inclinadas ou verticais. O Caixa disse que também pode haver a influência atmosférica, não foi? Pois bem, existem águas subterrâneas ricas em carbonato de cálcio ($CaCO_3$), que forma, por exemplo, o mármore, parte dos corais e das conchas (e também pode ser encontrado nas cascas de ovos), e quando essa substância, no estado líquido, entra em contato com o ar, podemos observar uma reação química que libera gás carbônico (CO_2) para a atmosfera. Essa liberação satura a solução mineral e faz com que haja, dentro da caverna, pequenas precipitações ou chuva, e o que se forma são minerais cuja base é, justamente, o carbonato de cálcio. Como eu disse, são pequenas chuvas dentro das cavernas e pode haver, nesse gotejamento de carbonato de cálcio, a formação de rochas metamórficas (como o mármore, do qual falei há pouco), a partir das estalactites, quando o gotejamento vem do teto das cavernas e forma aquelas setas penduradas e apontadas para baixo devido ao escorrimento da água, ou as estalagmites, quando a água que goteja não é apenas água, mas contém, ainda, cristais de carbonato de cálcio, e vai se acumulando, formando as setas ou cones que vemos no chão, apontando para cima, para o teto da caverna. Às vezes, as estalactites juntam-se às estalagmites e fica lindo.

E Linguinha interrompeu Cosmos uma vez mais.

— Por fim, o que aqui nos interessa diretamente, para que vocês entendam a nossa nova fonte, se o nível das águas for rebaixado (por terremoto, por exemplo), com o lençol freático ficando mais profundo, isso deixa canais subterrâneos nas partes mais superficiais, que se transformam em cavernas. Não sujar os rios é essencial para que nossos mananciais freáticos também não se sujem, e não desmatar em demasia é vital para manter o ciclo da água o mais íntegro possível, em uma escala local. Assim, não teremos mais problemas como o que vocês agora estão sabendo que quase chegamos a ter. Estudar é bom porque é legal saber das coisas e, agora, como veem, pode salvar muita gente. Quem quiser, estamos tentando fazer uma parceria com os homens do Sul para aumentar a oferta de cursos para os Salbris.

Dúvidas foram esclarecidas.

— Agora, vamos à votação: quem concorda em convidar os irmãos Salbris das outras aldeias pra construirmos, juntos, uma nova Lagoa Linda, na caverna, local seguro e com fonte própria de abastecimento de água, levante as mãos – disse Linguinha, dirigindo-se à multidão.

A aprovação foi quase unânime.

— Aprovado! – gritou Jiquiri.

— Agora – disse Preguiça –, vamos batizar a nossa caverna? Leiteiro, meu primo do Conselho de Fênix, tem uma sugestão.

— Obrigado, primo. Como essa caverna irá abrigar a nova aldeia de Lagoa Linda (vou sugerir que o nome seja mantido para a nova aldeia unificada Salbri), proponho que a batizemos de "Caverna da Redenção". O que acham?

— Alguém aí tem alguma outra ideia? – perguntou, no megafone da praça, Caixa D'Água.

— Pelo visto não. Vamos votar – disse Linguinha.

Narrador, falando em *off* – *A nova aldeia de Lagoa Linda foi construída na Caverna da Redenção, por todos os Salbris, inclusive e especialmente, pelos das outras aldeias, que chegaram pelos vórtices espaço-temporais que tinham sido encontrados ou abertos por Cosmos.*

ATO XII – LAR, DOCE LAR! OU OS PRIMEIROS DIAS DO RESTO DA HISTÓRIA SALBRI

Narrador, falando em *off* – *As votações para toda e qualquer decisão coletiva dos Salbris, hábito salutar que foi retomado, com ainda mais força, a partir da expedição ora encerrada, e das tramoias descobertas de alguns membros dos Conselhos das aldeias de Lagoa Linda e Fênix. O desejo do povo Salbri de ser o senhor de suas vidas, sem tutela, fez com que lideranças como Linguinha, Chiquinha e Maria Limpeza, que sempre valorizaram o coletivo, sem desprezar o individual, emergissem não como chefes do povo, mas como organizadores da vida social, apenas. O sistema de vida dos Salbris consolidou-se, com todos decidindo coletivamente aquilo que é do interesse comum e reduzindo ao mínimo quaisquer tipos de interferência naquilo que é da vida privada de cada um. O coletivo deve garantir o indivíduo, sem submetê-lo ao jugo do arbítrio e da esperteza de uns poucos; o indivíduo deve zelar pelo coletivo e não usá-lo para benefício próprio, posto que todos devem dele se beneficiar. Coletivo e indivíduo são complementares e não adversários, e a melhor forma para garantir isso, para os Salbris, era o uso da Praça do Troca Tudo para discussões e deliberações coletivas.*

— Cosmos, vamos tomar um banho na Cachoeira das Neves? – perguntou Chiquinha, espreguiçando-se.

— Agora mesmo, meu amor.

— Sabe, acho que essa ideia do Linguinha de trazer todos os Salbris pra cá foi sensacional. De todas as nossas aldeias, é o lugar mais bonito e, agora, com a Caverna da Redenção, mais seguro, sem dúvida.

— Também acho, Maria Limpeza. Mas os vórtices espaço-temporais descobertos pelo meu Cosmos foram essenciais pra isso tudo acontecer. Não é, amor? – falou Chiquinha, cheia de denguinho.

— Que nada, neném. Só fiz a minha função de pesquisador.

— Ai, que nojo! – disse Caixa D'Água, rindo. – Dá pra parar com essa coisa de declarações fofinhas em público? (e riu de novo)

— Ai, ai... Tudo bem, Caixa... – falou, dando risadinhas, Chiquinha. – Mas por que você não dá uma voltinha na floresta com a Limpeza? Assim, quem sabe, você também não entra no momento das declarações fofinhas? – falou Chiquinha, dando novas risadinhas e piscando para Limpeza, sua nova amiga.

Caixa D'Água ouviu, um tanto surpreso, mas feliz, e, olhando para Limpeza, que o encarava de lado, de supetão, convida-a para um passeio, o que foi prontamente aceito pela Salbri.

— Jiquiri... O recém-casado, que bom que vieste! – exclamou Cosmos, no momento em que Caixa D'Água e Limpeza retornavam do passeio, de mãos dadas.

— Huummm... Aí, Caixa! – disse Jiquiri.

— Esse é o meu garoto! – falou Linguinha, que chegava por outra trilha. Daqui a pouco, Balduína e Campainha virão até nós.

— Que bom, amigo. Estou com saudades deles dois! – exclamou Jiquiri, com entusiasmo que lhe era pouco comum. – Rosita também está vindo.

Nesse meio tempo, chegam Preguiça e Leiteiro.

— Meus amigos, também viemos, por coincidência.

— Preguiça – disse Leiteiro –, não acho que tenha sido coincidência.

— E não foi mesmo – falou Linguinha. – É que Chiquinha e Limpeza tiveram uma ideia que achei sensacional, então decidi chamá-los para ouvirem o que a delicada, mas forte e sábia voz feminina, irá nos falar, antes de levarmos a ideia ao Conselho dos Salbris.

— Linguinha... Ainda não sei quando você está sendo irônico ou galante.

— Chiquinha, você talvez descubra que podemos ser galantes, com ironia ou o contrário. Esse sou eu. Mas atesto que fui sincero.

— Pode acreditar, Chiquinha. Ele sempre foi assim e é por isso que todos gostam dele.

— Eu também gosto, Preguiça, é que não estou muito acostumada com isso. Linguinha, você não existe – disse, olhando para ele e rindo.

— Bom, Limpeza, fala você ou falo eu?

— Pode começar, Chiquinha. Vou complementando.

— Certo. A ideia é simples, mas acho que vai ser bem legal. Nós prezamos muito, como vocês, a questão das deliberações coletivas das questões importantes para a vida da comunidade Salbri, de modo concatenado à manutenção da autonomia de cada indivíduo em relação ao grupo, com um interagindo com outro e não se sobrepondo. Mas achamos que as tais consultas podem ser mais bem preservadas e respeitadas...

— Deixa que eu continuo, Chiquinha. Gostaríamos de adicionar duas ações às consultas que vocês também fazem. A primeira é que as deliberações devem ser anotadas para que todos possam ter acesso a elas no momento em que desejarem, para que possam propor seu aperfeiçoamento...

— E para que não sejam esquecidas por ninguém, a começar pelo nosso Conselho, que deve respeitar a vontade geral e não impor a sua, como se fosse geral – completou Chiquinha.

— Excelente ideia, meninas! E eu, como historiador e notário de Lagoa Linda, meu primo, Leiteiro e quem mais quiser, podemos cuidar do registro, do arquivamento e da disponibilização, para os Salbris, desse rico material de discussão e deliberação coletiva – disse Preguiça.

— Estou dentro, primo. Tenho, inclusive, algumas ideias para montar um bom e acessível arquivo para todos – falou Leiteiro.

— Isso. E periodicamente podemos rever o que foi discutido e rediscutir, se necessário. Assim, não haverá mais dúvidas quanto às deliberações coletivas e será mais difícil para alguém, como Genésio e Bicho-da-Seda, tentarem impor sua vontade – disse, entusiasmado, Linguinha.

— Chiquinha, estou orgulhoso de você! – comentou Cosmos.

— Limpeza, minha flor da Floresta das Lepitotas, grande ideia!

— Aí... Caixa, aderiu aos apelidos e declarações fofinhas, né? – falou Chiquinha, gargalhando e olhando para Caixa D'Água, que ficou vermelho de vergonha.

— Então, gente, vamos levar essa ideia para a deliberação coletiva na outra reunião, daqui a uma semana, na nossa Praça do Troca-Tudo?

— Vamos! – todos disseram em uníssono.

Narrador, falando em *off*, com os atores parados no palco
– *A grandeza de dentro de todos nós deve emergir para que nosso*

potencial seja o mais plenamente desenvolvido. Ofuscar o brilho do outro porque temos preguiça de fazer coisas boas e belas é apequenar-se. A grandeza do ser é conseguir ser o que ele quer ser, sem culpas ou egoísmos e, com isso, de modo generoso e solidário, fazer o ser extravasar a si mesmo, projetando-se no mundo como uma supernova de carinho, com dedicação pela vida, toda e qualquer vida, sobre todas as ambições mesquinhas que nos rodeiam e, com isso, reconhecer nos outros seres o mesmo direito. O ser não é, ele se torna possível e passível de ser algo melhor.

Cai, definitivamente, o pano.